探真知 思源

群星
GREAT TALENTS

罗澍伟 主编

阅读天津
HOW TO READ TIANJIN

杨石先

韩石山 著

天津出版传媒集团
天津教育出版社

图书在版编目（CIP）数据

杨石先：思源探真知 / 韩石山著 . -- 天津：天津教育出版社，2024.1
（阅读天津 . 群星）
ISBN 978-7-5309-9033-9

Ⅰ . ①杨… Ⅱ . ①韩… Ⅲ . ①杨石先（1897-1985）- 传记 Ⅳ . ① K826.13

中国国家版本馆 CIP 数据核字 (2023) 第 233697 号

杨石先：思源探真知
YANG SHIXIAN: SIYUAN TAN ZHENZHI

出　　版　天津教育出版社
出 版 人　黄　沛
地　　址　天津市和平区西康路 35 号
邮购电话　（022）23332417

策　　划　纪秀荣　王铁冰
责任编辑　田　昕
特约编辑　魏　劼
装帧设计　世纪坐标　明轩文化
美术编辑　丁莘苡　汤　磊

印　　刷　天津海顺印业包装有限公司
经　　销　新华书店
开　　本　787 毫米 ×1092 毫米　1/32
印　　张　7.25
字　　数　60 千字
版次印次　2024 年 1 月第 1 版　2024 年 1 月第 1 次印刷
定　　价　52.00 元

阅读天津 · 群星

HOW TO READ TIANJIN

GREAT TALENTS

主编的话

罗澍伟

天津，群星璀璨，人才辈出，他们用炽热的生命，书写了这座城市的骄傲与自豪。

天津是中国北方最早和最大的沿海开放城市，惟其“早”，在中西文明的碰撞中，引领了潮流和时尚；惟其“大”，海河五大支流在此汇聚入海，滋养了这片培育精英的沃土。百余年来，这里涌现了一批打破时空维度，精神属于中国、才华属于世界的大师级人物。

“阅读天津”系列口袋书第二辑“群星”，恰似一幅近代天津历史与文化的人物画卷，读者可以从哲学、译学、新闻、实业、科学、文学、艺术等不同视角，品读这座城市，其中包括：

被赞为“中国西学第一者”的维新思想家严复，被誉为“世界第一之博学家”、著述等身的梁启超，“为酬素志育英才”的教育家张伯苓，“二十文章惊海内”的弘一法师李叔同，“化私为公”的实业家、藏书家周叔弢，“学识以强国、仁爱以育后”的化学家杨石先，一代话剧宗师、中国话剧奠基人曹禺，为数学研究鞠躬尽瘁的“整体微分几何之父”陈省身，“荷花淀派”创始人、“有风格的作家”孙犁，“江湖笑面写传奇”的相声表演艺术家马三立。

纵观他们的一生，有家国的高度，有民族的厚度，有地域的广度。他们把巅峰岁月中的生命磨砺之美，无保留地献给了天津。他们为实现中华民族伟大复兴做出奉献，用担当诠释大义。他们活出了自己的精彩，而且能够跨越时代，触动今人的心灵。他们的精神，穿透城市的晨雾与暮霭，有了他们，这座城市才有了完整的生命。

如今，时过境迁，斯人已去，但他们从未隐入历史的烟尘。他们在天津亲历了近现代中国的历史进程，奏响了人生的跌宕音符与精彩华章。他们的生命，早已融入天津的血脉，成为这座历史文化名城百年成长的标志与象征。

他们的人生，也留下了许多值得回味、令人深思的启迪：对一个人来说，重要的不是生命的长度，而是留在他人心目中的高度。

每个人都有灵性，每个人的生命之旅都是一个不断发现的过程，也是不断觉醒的过程。每个人的身上都蕴藏着改变的力量，才华只是激情与灵感的乍现。大凡找到人生意义的，都是英雄。最好的人生态度，就是发自心灵深处、对社会与生命的感悟；在追索人生深度的同时，找到属于自己的位置——既收获了奋斗的历程，又体验了人生的意义。

天津过往有无数“风流人物”，要使珍藏在时光里的历史切片一一再现，几乎是不可能的。“使将万管玲珑笔，难写瞿塘两岸山。”

在新的历史起点上，让我们奋力追赶历史上的“群星”吧！用海阔天空的想象力、迎难而上的践行力，拥抱更高更远的未来，为实现中华民族伟大复兴不懈奋斗！

（主编系著名历史文化学者、天津市社会科学院研究员、天津市文史研究馆馆员）

阅读天津·群星

HOW TO READ TIANJIN

GREAT TALENTS

写在前面的话

参加过高考的人，不会不知道南开大学，尤其是北方的学生，报的还是文科的话。报了北大，再报一个，最佳的选择，只会是南开了。我是1965年参加高考的，记得那时，可报三个外省，三个省内的学校。外省的第二个，我就报了南开，自然是落选了。好在本省的，还是录了。

这要算是记忆，只能是羞耻的记忆，还有一个，就不能说是羞耻了。

1979年，我的四弟参加高考，成绩很好，有幸上了南开，还是有名的经济系。仿个俗气的说法，再扭一扭，这个南开，也可说是我的叔伯母校吧。

杨石先先生长期担任南开的校长，知道了南开，也就知道了这位学界的巨擘，文化的名人。

纵然如此，为他写一本传记，却是从未想过的。

世间事，往往有难以逆料者。2022年12月的一天，天津教育出版社发来微信，说有这么一套口袋书，要我写一本5万字的杨石先小传加入其中。正值居家，闲着也是闲着，又是朋友请托，也就痛快答应了。但是，我提出一个条件，就是出行不便，需要的资料，怕难以查找，出版社也很痛快，说只要我能说出书名的，网上下单寄去就是了。

于是许多图书，源源而来，有些也真是凑巧，比如《郑天挺西南联大日记》（上下册），就在写作期间出版了。再就是，一些学术界的朋友也帮了大忙，比如武汉大学的陈建军先生和湖北学者张在军先生，就从旧报刊上下载了许多资料发了过来。

正因为有了这些资料渠道，我在北京的书房里，用了两三个月的时间，没费多大工夫，就完成了这部书稿。

杨石先是南开的老校长，在南开定然有许多的踪迹可寻觅，写这样一本书，按说怎么也该去一趟南开，访问有过接触的老人，看看他生活和工作的处所。然而几经波折，一直未能成行。

好在材料靠实，写罢还没有觉得有大的缺憾。要说，也有一个，就是杨石先在南开东村的住宅为什么是43号，我设想了多种可能，还

是难以索解。直到交了稿，一位朋友知道我有这个遗憾，主动提出，何不去南开看看。于是我们在2023年五一节期间，去了南开，到了东村宿舍，找见了43号，但还是弄不清是如何排下来的。没办法，只有问人，问到一位老太太，看模样，像个退休多年的老教授，她的一句话就解开了这个疑团。

老太太指了指她那一排的尽头，也就是三排宿舍的第一家，说，起头就是31号。

可不是吗，一排六户，每两户连成一个单元，中间正好是两条甬道，这样排下来，第三排的第一户，也就成了43号。

幸亏这篇序，是在付印以前要的，借此补上这么一笔。

韩石山于潺湲室

2023年11月23日

目录

CONTENTS

01
新南开
的新教授

1

02
由天津
到昆明

23

03
“杨阎王”
的另一面

39

04
出任
联大教务长

65

05
战乱中
的坚守

91

06
面对
“院系调整”

109

07
他的
治校理念

121

08
开办元素所

133

09
心心念念
在人才

143

10
法相庄严

171

11
门前的花园

187

后记
215

01

新南开的新教授

南开大学是在南开中学的基础上发展起来的。中学办得很好，两位发起人严修和张伯苓二先生，就起了办大学的念头。两人曾赴美考察，决定照美国私立大学的模式，在中国办一所私立大学。1919年，招了一个班学生，聘了十几个先生，大学就办了起来。到1923年第一届招的这个班毕业，只有12名学生。

杨石先（1897—1985）

1923年，二位先生决定扩大招生，正式办起南开大学，同时在天津南郊八里台一带，买下大片土地，兴建新的校区。

好大学要有好教授。这一年学校先后招聘来的教授也有十几位，9月21日出版的《南开周刊》第68期上，有这样一行字的消息：

> 南开大学今年暑假所聘之教师有：化学教授杨绍曾先生。

杨绍曾是杨石先的原名，后来好长时间，一直这么叫着，直到有一天，他发现天津有个写通俗小说的作家，也叫杨绍曾，这才将原先起的“石先”这个号做了名字。

杨石先，1897年1月28日出生于杭州，祖籍安徽石埭。因祖父在杭州一带做官，便举家迁来杭州，后来父亲到济南做官，又随之迁居济南。再后来，父亲来到天津做事，再次迁到天津。1910年杨石先上中学时，正赶上清华学堂招生，他应考得中，便入了清华学堂读书。

清华是留美预备学校，毕业生照例赴美留学。1918

年杨石先毕业后，即赴美入康奈尔大学，先入农科，后改入理科学化学。1923年他获得学士学位，原本还要读博士的，因家庭变故，必须提前回国。经与导师协商，他将原拟写而未完成的博士论文，改为硕士论文，最终被授予了硕士学位。

与杨石先同船回国的，是后来成了著名考古学家的李济先生。李先生是博士，自然享受的是博士的薪水，多少呢，没有过硬材料，不敢妄言。1926年，南开来了一位新教授，叫何廉，也是美国名校毕业的博士，他在回忆文章里说了，他初入南开，给的薪水是每月180元。杨石先既是以教授名分聘下的，也该是这个数目吧。

想着该是，实际不是。

1910 年，杨石先小学毕业

1916 年，杨石先于清华学校

在《杨石先图传》[1] 上，有一图名为《杨石先工资年表》，字迹甚小，仔细辨认，能看出杨石先从 1923 年入职到 1927 年间薪水的基数与变化的状况。画格子列表太费事，且一行一行抄录如下：

1923 年 9 月 17 日　薪金 130 元　每周钟点 6

1924 年 2 月 12 日　薪金 130 元　每周钟点 6

① 南开大学档案馆，南开大学校史研究室编：杨石先图传。天津：天津古籍出版社，2016 年。

1920 年，杨石先在康奈尔大学宿舍旁

1919 年，杨石先（后排右二）在美国康奈尔大学与中国同学合影

1923 年 5 月，杨石先获得美国康奈尔大学有机化学硕士学位

1923 年，杨石先（右）与清华同班同学考古学家李济博士合影

南开大学思源堂

1924 年 9 月 16 日	薪金 220 元	每周钟点 7.5
1925 年 2 月 3 日	薪金 220 元	每周钟点 6
1925 年 9 月 15 日	薪金 170 元	每周钟点 5
1926 年 2 月 22 日	薪金 170 元	每周钟点 5
1926 年 9 月 16 日	薪金 235 元	每周钟点 6
1927 年 2 月 14 日	薪金 235 元	每周钟点 6
1927 年 9 月 15 日	薪金 235 元	每周钟点 13.5

需要说明的是，表中的年份用的是民国纪年，比如1923 年 9 月 17 日，表中写作“12，9，17”。

31

南開學校大學部

教員錄

姓名 楊紹曾 （英文）Shao Tseng Yang 字 石先

年齡 籍貫 Hongchow, Chekiang.

履歷 B. Chem., M. S. (Tsinghua College, Cornell University)

永久通信處（暫時：北京前內蔴線胡同廿二號）

到校 中華民國 12 年 8 月 1 日即西曆 1923 年 8 月 1 日

離校 中華民國 年 月 日即西曆 年 月 日

年 月 日	薪金	每週鐘點	擔任之學程
12, 9, 17	$130	6	Chemistry 9 (Organic Chemistry)
13, 2, 12	$130	6	Chemistry 10
13, 9, 16	$220	7½	Chemistry 9, (Organic Chemistry)
			Chemistry 11 (Introductory Organic Laborat[ory]
14, 2, 3	$220	6	Chemistry 10 (Organic Chemistry)
			Chem. 12 (Introductory Organic Lab.)
14, 9, 15	$170	5	Chemistry 9 (Organic Chemistry)
			Chemistry 11 (Introductory Organic Lab.)
15, 2, 22	$170	5	Chem. 10 (Organic Chem.)
			Chemistry 12 (Introductory Organic lab.)
15, 9, 16	$235	6	Chemistry 9 (Organic Chemistry)
			" 11 (Introductory Organic Lab.)
16, 2, 14	$235	6	Chemistry 10 (Organic Chem.)
			" 12 (Introductory Organic Lab.)
16, 9, 15	$235	13½	Chemistry C (College Chemistry) & Lab.
			" 9 (Organic Chemistry)
			" 13 (Advanced Organic Chem.)
			& Lab.)

南开大学教员录

何廉初入职时的月薪是 180 元，时间是 1926 年。再看 1926 年，杨石先已是三年的教授了，任课 6 个钟点时月薪还高点，5 个钟点时也才 170 元。

是不是杨石先起初定的职位不是教授，或者说不是正教授，连副教授都不是，而是讲师呢？

不是的，确实是教授。只是我们不懂民国时期的教授规范。

看看其时政府部门对国立大学教员薪俸的规定，就什么都明白了。

金国先生的新著《权力让渡与资源获取——变革时代的南开大学、政府与社会（1919—1946）》，书中有一表格，名为《国立大学各类职员、教员薪俸表（1917 年）》，系选自 1925 年商务印书馆出版的

1927 年，杨石先与刘崇瑜在北京结为伉俪

《教育法令选（下）》。表中将教员分为五类，分别为正教授、本科教授、预科教授、助教、讲师。注意，讲师排在助教之后。盖因讲师非正式在编教职，多为兼职与临时，比如，鲁迅在教育部有职，在北大讲课只能是讲师，陈豹隐去苏俄考察，郁达夫代他的统计学课，也只能是讲师。讲师以课时记酬，没有整月的薪俸。此外的四类教职，每类又分六级。正教授一至六级，薪俸分别为400、380、360、340、320、300。本科教授一至六级分别为280、260、240、220、200、180。预科教授一至六级分别为240、220、200、180、160、140。助教一至六级分别为110、100、80、70、60、50。

这样就明白了，何廉说他初回国，南方某大学（上海暨南大学）给他的起薪是300元，南开给他的起薪是180元，都是有政令依据的。南方某大学给他定的职级是正教授六级，南开大学给他定的是本科教授六级。

如此，杨石先的130元，也就有了合理的解释，他是硕士学历，虽聘为教授，只能按预科教授起薪，又减了一些，给130元，是说得过去的。好在两三年之后，就升为235元，相当于预科教授的一级了。

学历上差人一等，在杨石先来说，总是个心病。因此，杨石先入职南开后，于1927年结了婚，却始终未将新婚夫人带到天津，而是将妻子留在北京与父母同居，他则独自一

1931 年，杨石先获美国耶鲁大学有机化学博士学位

人住在南开的单身宿舍里，加紧温习功课，总在想着有一天，可以再度出国，获取博士学历。

机会终于来了。清华大学有规定，教授满七年，可有一年的带薪出国进修。张伯苓为了稳住南开的教授队伍，也采用了这一制度，且定下从杨石先做起，只有一个条件，就是读了博士，必须仍回南开任教。杨石先原来的清华留学资金，还有一年的余额，加上南开给的，就有两年的时间。这样，他去了美国，师从一位得过诺贝尔化学奖的学者，两年之后，获得了耶鲁大学有机化学博士学位。他遵照先前的承诺，仍回南开任教。

杨石先如期回来，本是有言在先的君子之行，但仍让张伯苓校长有种意外的惊喜。洋学者的话，固然诚信为重，但学术上的名气，跟社会上的责任，不同时际会有不同的考量。跟一个得过诺贝尔化学奖的学者学上一年，即是门里出身、得意门生，这名头可不能算小。前几天接到他张校长的信应承了的事，过几天诺奖教授劝说两句，也不是不能反悔。若是拿了南开的钱却一走了之，反唇相讥的话却是不能说的，像杨石先这种家世的人，最不怕的就是钱，你张伯苓敢说这种话，他一个“计利归还，一文不少”，就能把你噎死。

真人站在面前，站在校长办公室的水磨石地上，除了欢喜，便是起坐相迎了。

经过此番的交往，也可说是一种考验，杨石先品质上的优秀，学问上的才华（两年轻松拿下博士学位），得到张伯苓的认可。张伯苓当校长的用人之道，简括为两个字，一曰忠，二曰才。行政上要忠悫之士，教学上唯才是举。只有才，德上差点儿，亦可宽容，有才亦有德行，那就另眼相待了。

化学系的老主任邱宗岳，有博士头衔，又恪尽职守，自然动弹不得。其时南开正在实行一个扩张计划，在何廉的擘划下，文学院的经济系已与大学的经济研究委员会合并为经济学院，文学院原先就有，数理化各系原本也想合为理学院，但各系主任、教授差不多全是博士学位，资历有深浅，学术上无甚差别，谁当院长难以定夺，合为一院之事，也就延宕下来。

现在好，杨石先获得耶鲁大学研究院的博士学位，在本校又有十年多的教授经历，理学院院长，舍此君而谁何！

对这一教学资历上的变化，《杨石先生平纪事》上，1931 年项下是这样记载的：

> 6 月以《从乙酰基二硫代碳酸酰胺和乙酸基异硫脲合成 α、β－呋二唑》的博士论文，获耶鲁大学有机化学博士学位。被推选为美国“科学研究工作者（Sigma Xi）荣誉学会”会员。后到英国及欧洲各著名大学、化学研究机关进行了两个多月的访察，经西伯利亚回国。

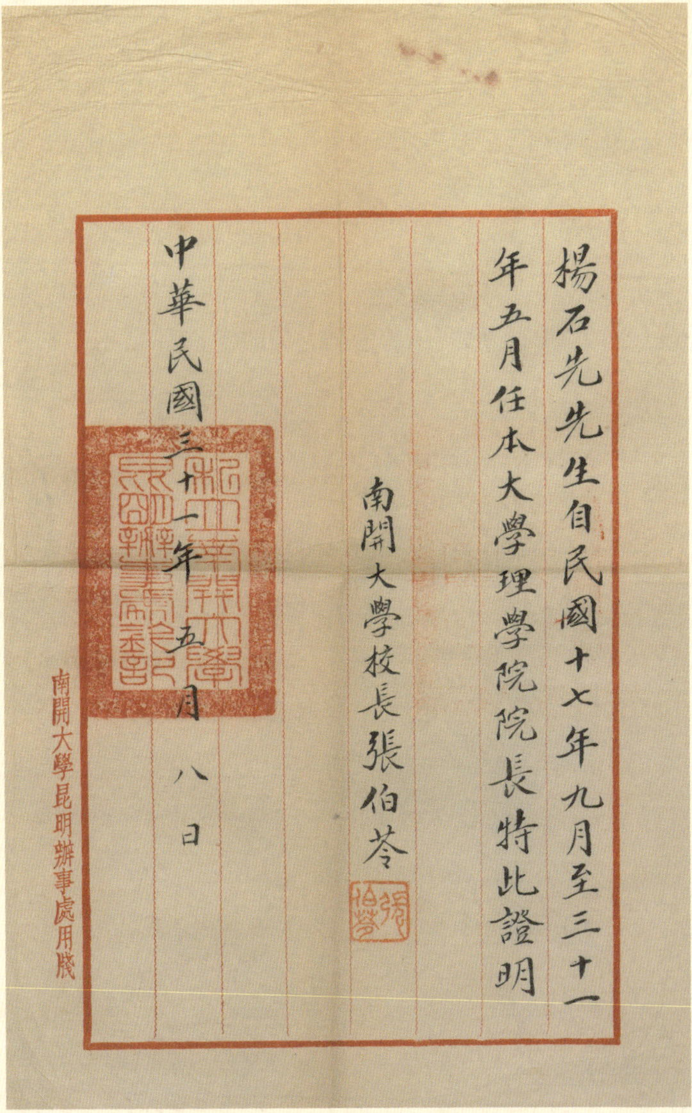

楊石先先生自民國十七年九月至三十一
年五月任本大學理學院院長特此證明

南開大學校長張伯苓

中華民國三十一年五月八日

南開大學昆明辦事處用牋

杨石先担任南开大学理学院院长聘书

9月17日，由东北乘车返回南开大学任教授。

10月，兼任南开大学理学院院长。不久将家属由北京接到天津。[①]

过去薪金上的差异，纵然心有不快，也只能隐忍不发。现在呢，不说博士衔的教授该是多少大洋的月薪了，理学院院长这一头衔，他的月薪就该跟何廉的经济学院院长等量齐观了。

还是先前的西装革履，还是先前的仪表堂堂，走在新开辟的南开校园里，不管怎样步履如常，心情肯定是不一样了。

杨石先百年诞辰的时候，南开大学要搞个隆重的纪念活动，其中之一是征集文稿，编本《杨石先纪念文集》，其时是1997年，距西南联大时期近，距抗战前的南开时期远，因而入选的四十多篇文章中，写西南联大的最多，写抗战前南开生活的甚少，且写作者大都年已老迈。所写文章概括叙事多，具体叙事少，纵然如此，还是要择录几段，以见第二次留美回来，杨先生的风度神采。

刘祈年先生是南开的老学生，他在《缅怀著名化学家、教育家杨石先先生》一文中说了上杨先生课的情景。

---

① 南开大学校史研究室编：杨石先文选。天津：南开大学出版社，2017年。

我一年级时，在思源堂阶梯教室听先生讲授《普通化学》课，他虽然只是教过我一年，但以后我同他仍保持着联系。他的言传身教，使我永记在心，终身受益。

杨先生对学生要求十分严格，绝不允许他们有半点懈怠。他特别强调学生要进行课前预习，认为这是提高教学效果最好的途径。为此，他每节课必布置课外作业，其中就包括预习，并用讲课前三分钟进行随堂测验，以督促检查。这使学生普遍提高了听课效果和考试成绩，增加了学习化学的兴趣，增强了学好化学的信心。我走上数学教学岗位后，也一直采用这种方法，收到了很好的效果。①

心情的变化，会表现在言谈举止上，也会表现在衣饰佩戴上。这情形，后世的怀念文章里，只有他的得意弟子申泮文先生记录下来。申先生早年在南开大学化学系教书，后来长期在山西大学工作，“文革”前与“文革”中有五年的时间，我是山西大学的学生，纵不相识，在校园里也是遇见过的。

申先生是在20世纪50年代后期，为支援内地高校，由南开大学化学系调到山西大学化学系的。他在山西大学吃了不少苦，“文革”后很快就调回南开大学，之后成为中国科

① 刘诉年：缅怀著名化学家、教育家杨石先先生。引自《杨石先纪念文集》，天津：南开大学出版社，2016年。

学院院士。杨石先去世后，申泮文写了悼念文章，名为《缅怀恩师，自强不息》，其中有一段云：

我家境贫寒，在旧社会本无上大学的条件，由于得到中学老师的帮助，又获得南开大学每年免交 90 元学宿费的奖学金，才勉强在 1936 年秋考入南开大学化工系。杨石先教授是我步入高校化学大门的启蒙老师，他给我们理工学院一年级讲授基础课普通化学。那时石先师正在风华正茂的四十岁上，因早年是足球运动健将，身体极强健魁伟，挺胸直背，健步胜人。石先师容貌堂堂，器宇轩昂，光彩照人。石先师最讲究仪容，每天都是衣冠楚楚，面容严肃，使我们学生总怀有敬畏之感。他每次来上课都换穿不同的笔挺整洁的西装，背心的小口袋里揣着一只金壳怀表，表链垂出连在纽扣上，链上悬挂着他在国外学习获得的荣誉纪念物——一枚金钥匙，同时手腕上还戴着一只手表。上课时为掌握讲课节奏，他不时看表，有时看怀表，有时伸长手臂看手表，奇怪的是他有时又从西服裤的小口袋里拿出一只无链怀表摆在讲桌上看时间，学生都很惊异，说杨先生一身带了好几只表，一时传为美谈。①

---

① 申泮文：缅怀恩师，自强不息。引自《杨石先纪念文集》，天津：南开大学出版社，2016 年。

南开大学旧时校门

奇怪的是，这是 1936 年，南开大学尚在天津时的事。从 1923 年开始上课，至此已 13 年，杨石先教过的学生至少也以百计，而后世的回忆文章里只有大弟子申泮文先生写了此事。《杨石先纪念文集》里收文数十篇，有两篇还是综述性质的长文，却无一人无一篇提及这“三只表”的轶事，推想不会是见过的人忘了，只是不像申泮文先生所言，将之“一时传为美谈”，而是“长时传为笑谈”，也就依普通中国文化人最爱挂在嘴上的“为尊者讳”的原则，视若无睹，笑在心里，避而不谈了。

申泮文先生真是个好学生，对老师感情深，观察细，文笔也好，在他的文章里，还记下了杨老师上课“偏爱”女生的事。

> 石先师授课时十分认真负责，第一次上课就跟学生约法三章，规定女生坐第一、二排，男生坐在后排，把学生坐的扶手椅按行列编号，每人的座位固定，不许更动，这样谁不到课座位就空了下来。石先师从讲台上一眼望去就可以看出某排某座的学生缺课。所以他一步入课堂，学生起立敬礼坐定后，他便拿出点名册给缺课的同学划旷课记号，花费时间不多，只两三分

1981 年，杨石先与申泮文观看化学系无机教研室教材展览

钟便点完了名。学生迟到超过十分钟的不准进入课堂，记为旷课。这些微细的地方都显示出石先师对学生严格要求和追求课堂效率，给我留下难以磨灭的印象。讲课的教室就是今日经重建的南开大学第二教学楼 211 阶梯教室。①

申泮文毕竟成就大，年龄也大，他能从积极的方面理解他的杨先生，这些轶事也就无挂无碍地写了出来。

① 申泮文：缅怀恩师，自强不息。引自《杨石先纪念文集》，天津：南开大学出版社，2016 年。

02

由天津到昆明

这次回到天津，杨石先将妻子刘崇瑜接到南开校园住下来，一起来的，还有他们新生的女儿小耆荪。儿子耆荀的出生，还在一年之后。

转眼到了 1937 年，七七事变之后，天津也出现了一场危机，这便是日本侵略者对南开大学的轰炸。杨石先一回到天津，就投身到应对危机、抢救校产的行动中。

7 月 29 日南开遭轰炸的

当天，杨石先不在别处，就在校园里。他不是在凌晨听闻轰炸后才赶去的，而是前一晚便组织抢运图书仪器，就没有离开校园，凌晨的轰炸也就难以躲避。

7月28日夜间，杨石先和黄钰生带着几位职工留守在学校。29日凌晨1时，南开大学附近的枪声把他们惊醒。拂晓，住在海光寺的日军开炮了，第一炮打河北省政府，第二炮打南开大学。接着，就是对南开大学的建筑物进行连续炮击。杨石先往海光寺日本兵营打电话，指责他们为什么向南开大学开炮。日寇以李七庄有大股匪徒准备向日军兵营进攻为名，进行诡辩。杨石先看清了日本军国主义分子的狼子野心。为了在校职工的安全，杨石先指挥大家乘学校运水船撤离学校，驶向学校南面的青龙潭（现在的水上公园）。不料，附近陆地上有几架日本飞机停留，发现有人乘船前来，便起飞进行跟踪监视。为了防止遭到日本飞机的扫射，船上的人不得不分散开，隐蔽在芦苇塘边的稻田里。天亮后，他们返回了学校，又有日军的飞机跟着飞来，在校园上空盘旋。当人们回校后，在检点校舍各处损失时，飞机上又丢下来一面红旗，海光寺日军兵营里的炮火，又开始朝着校园轰击。上午9时，大家商请杨石先先走。杨石先离开学校时，除身上一套单衣和一架照相机外，其他财物后来荡然无存。[①]

这里的叙事，大致不错，需要补充的是，杨石先组织在校人员疏散的工作，是和秘书长黄钰生一起进行的，从名分与责任上说，还应当是以黄钰生为主。

南开校园里的人员全部撤去后，就看出日军对南开大学的仇恨了。

当天下午，从海光寺兵营里开来几辆小型的日本坦克，还有载着汽油的卡车。进入校园后，先是抢掠，又用煤油泼进图书馆，随即燃烧起熊熊烈焰。抢劫之后，日军再继以炮轰。炮轰还不够，竟继以纵火焚烧。刹那间南开大学成了一片火海。经过两天的炮轰，整个校园变成了一片焦土。秀山堂、木斋图书馆、学生宿舍全都夷为平地。南开大学有一口大钟，为天津大钟寺所赠，重达一万八千斤，钟面铸有《金刚经》全文，是罕见的历史文物，经此劫难，也不见踪影。据传为日军掠去，送到兵工厂熔化之后，做了枪炮子弹。

据说南开大学里的烈火惨景，杨石先离去后，站在马场道一栋五层高楼上，全都尽收眼底，心情之悲愤，不难想见。

1937 年 7 月 29 日，南开惨遭日军轰炸炮击，在南开的

① 杨光伟编著：杨石先传。天津：南开大学出版社，1991 年。

南开大学木斋图书馆（已毁）

历史上，该是受损最重的一次。但也因了这次毁灭性的打击，南开大学浴火重生的精神，受到教育界和全国民众的赞誉。这也才能顺理成章地与清华、北大组成临时大学，先长沙，后昆明，并肩而行，共克时艰。

三校在长沙拟将成立临时大学，杨石先随之南下。南下途中，最有趣的一件事，发生在第一站，从天津开往塘沽的火车上。

1937 年 8 月 28 日，北大、清华、南开在南京筹组长沙临时大学。他与南开经济研究所方显庭教授闻讯辗转南下。在火车上，他执意不改寻常装束，而化装成商人模样的方显庭一路上像老头子般喃喃抱怨，结果反倒遭到了日军盘查。到了秦皇岛，他们搭上一艘挪威籍运煤船南航厦门，再经陆路到长沙，之后立即投入临大筹组工作。①

1937年11月，杨石先与陈序经（左一）、李卓敏（右一）在湖南长沙合影

文中“方显庭”该写作“方显廷”，他是浙江宁波人，著名经济学家，1903年生，比杨石先小六岁。

① 王文俊：杨石先光辉的一生。引自《杨石先纪念文集》，天津：南开大学出版社，2016年。

长沙原本是清华大学的后撤基地，前一年已在经营中，而北大对撤到后方，一直有些疑虑，直到教育部发布组建临时大学的命令，才仓卒应对。南开，此时正按张伯苓的安排，在重庆买地800亩，建立起南开中学，校舍落成，待情势危急，大学部撤过来即可。所以教育部发布南开与北大、清华组建临时大学时，张伯苓应当是又惊又喜，由此全力配合，自在意料之中。三个大学，三种心态，这从长沙临时大学师生人数多少上，也可看出个大概。

《国立西南联合大学校史》上，对学生与教师的人数，有较为详细的统计，可资参考。

截至10月底，全校共有教师148人，其中北大55人，清华73人，南开20人。

学生之收纳以北大、清华、南开三校学生为主。9月28日第二次常务会议决定，三校旧生于10月18日开始报到，24日截止，25日开学注册选课，11月1日上课。之后，即在京、沪、汉、粤、浙、湘、鲁、豫各地登报公告，同时通过电台广播、私人通信等多种方式传出限期报到的消息，三校学生纷纷来到长沙。沦陷区的学生，更是历尽艰险，想方设法通过封锁线，如期到达。有的地方交通阻断，学生必须步行并自担行李，艰苦之情况可见。截至11月20日止，旧生报到者1 120人，其中北大342人，清华631人，南开147人。此外，又遵照教育部规定，酌收若干借读生。凡在教育部立案，性质相当，而现已停办之学校，其学生皆可来临大借读，计接纳借读生218人。另有北大和清华在武昌联合招收的新生和南开中学毕业后直升大学的新生114人，当时学生总数为1 452人。至于因交通梗阻留平或在途未到者，限于11月底到齐。据长沙临大于1938年1月底铅印学生名册，新旧学生共有一千五百多人。[①]

谁都知道，随着武汉、广州的失守，身处长沙的三校临

① 西南联合大学北京校友会编：国立西南联合大学校史。北京：北京大学出版社，1996年。

时大学亦岌岌可危，当局又发下命令，三校迁往云南昆明，且正式定名为西南联合大学。三校合组，不设校长，而由三校原校长组成常委会，总理校政。三校常委分别是北大的蒋梦麟，清华的梅贻琦，南开的张伯苓。张伯苓一直住在重庆，经营重庆的南开中学，但有关南开的大事，一切都在他的掌握中。长沙临时大学往昆明迁移的过程中，张伯苓手下的两员大将起了非同寻常的作用。

一是黄钰生代表校方，全程管理湘黔滇旅行团相关事务。长沙临大西迁，分两路进行，一路乘车船经越南至昆明。另有二百多名学生，组成湘黔滇旅行团，步行入滇。国民政府军事委员会特派中将参议黄师岳担任团长，率部属护送。联大方面，则组织 11 名参加旅行的教员，组成辅导团，另由黄钰生、曾昭抡、袁复礼、李继侗组成湘黔滇旅行团指导委员会，由黄钰生任主席，负责日常具体的领导工作。

一是杨石先作为南开的代表，先期入滇，筹划校舍等事宜。当时的决策是，三校各抽一重要干部，先期抵达昆明，为即将开学的西南联大选择校址，建筑校舍。北大派出的是经济学教授秦瓒先生，清华派出的是建筑学教授王明之先生，南开则是理学院院长杨石先教授。如何抵达，如何展开工作，杨光伟《杨石先传》有较为详细的记载。

杨石先与北京大学经济学教授秦瓒和清华大学建筑学教授王明之，分别代表三校并文理工三科，先行入滇安排一切有关事宜。当时，由长沙到昆明没有铁路，很多去昆明的人都是从香港坐船到越南海防，再由海防坐火车经河内到昆明，交通十分不便。

考虑到抵昆明后还需要用汽车，杨石先便先坐上一辆小轿车，另带两辆卡车载上行李等物资，由长沙出发，翻山越岭，栉风沐雨，在沙土公路上颠簸了十几天。一次，他们的坐车在悬崖边曾一轮悬空，很是危险。他们率车横穿湖南、贵州两省抵达云南昆明。①

下来接着说，到昆明后，他们立即开始勘察校址，做迎接三校师生的准备工作。

昆明市虽然很大，但是要安置三校师生员工还是非常困难的，最后选定，将工学院设在昆明城外西南的拓东路迤西会馆，将理学院和文学院设在与云南大学仅一墙之隔的昆明城北门外。商学院在昆明市周围没有找到合适的院址，最后设在距昆明市较远、靠近滇越铁路的蒙自。因经费短缺，时间紧迫，只得建以泥坯为墙、稻草做顶的教室。还有一种铁皮顶的教室，

① 杨光伟编著：杨石先传。天津：南开大学出版社，1991 年。

1937 年 10 月校庆日，杨石先（二排右五）与南开大学师生校友在湖南长沙岳麓山合影

夏天泥地长草，雨天铁皮顶丁丁当当的乱响。条件虽然艰苦，设施虽然简陋，但三校师生是怀着光复中华的决心，中兴祖国的大志走到一起来的。清华、北大和南开三校都有自己的传统和特点，在合作中互相交流，互相学习，融为一体。[①]

杨石先等三人，先期到达，所做的勘察校址工作，说起来是一句话，做起来则是两件事。先做的是找到一个地方，有足够的房舍，可以让师生先安顿下来，再就是要有宽裕的

① 杨光伟编著：杨石先传。天津：南开大学出版社，1991 年。

地面，以便接下来做第二件事，建教学楼，扩充操场。等到最后一批学生抵达后，便该建教学楼和学生宿舍了。

做大事要请大人物。规划校园，建筑教学楼，他们请的是先期到达昆明，著名的建筑学家梁思成先生。梁先生在战前组建营造学社，就有承揽建筑设计的业务。谁去联系的呢，不必甄别，会见梁启超公子这样的名人，三人该是联袂前往的。营造学社的事，梁思成操持，夫人林徽因亦是与闻其事，感谢这位用笔甚勤的才女，从另一个侧面，为我们留下了杨石先等人筹划校舍时的窘迫与无奈。

梁林夫妇设计联大教学楼的事，在我的《碧海蓝天林徽因》一文中，有概括的叙述。文中还引用了书上的原文，是《西南联大纪实》书中的一段话：

夫妇俩花了一个月时间，拿出了第一套方案，一个中国第一流的现代化的大学赫然纸上。然而设计方案很快被否定了，理由是西南联大拿不出那么多的经费建造一所中国一流的高等学府。此后两个月，梁思成夫妇把设计方案改了一稿又一稿，高楼变成了矮楼，矮楼变成了平房，砖墙变成了土墙，几乎每改一稿，林徽因都要落一次泪。[1]

杨石先初来昆明时，及西南联大初迁昆明时的境况，有杨石先回复老友李书田一函可见详情。起因是李书田在西北联合大学，正在为工学院招聘英文教授，且须是留学英美者，知杨石先交友广且有识人之明，便致书求助。因是老朋友，杨石先在介绍两位候选人的同时，也把他们初到昆明的境况诉说了一番。李书田，字耕砚，大致他们是什么“社”的朋友，所以书信抬头便写作“耕砚社兄大鉴”。信的全文如下：

顷奉五月二十一日手书欣悉。前闻贵校由西安迁汉中时颇受辛苦，颇以为念。前晤令兄，问以消息，亦未悉，为言外间颇有谣言，说贵校已迁川者。西南联

① 韩石山著：民国文人风骨。西安：陕西人民出版社，2009年。

大迁滇，因无适当校舍，将文法学院暂留蒙自，理学院则借用昆华师范学校及工业学校之一部，在昆明城外西北方。工学院则租用全蜀会馆及迤西会馆之全部，在城外东南方。食品用品，则于同人过港或返沪时购得一部分，其他则已分头向国外订购。唯因外汇暴涨，美金已合五元七八，英镑 26.7 元，购买力大减。现唯清华存津（已移川再运滇）及南开存津之小部分仪器书籍得以运抵此间，则一切尚可备普通大学之规模。校舍建筑决计在昆明郊外，今秋拟动工，一年后希望能完成。人事方面无大更动，唯由平津来者仍络绎不绝，尤以家眷及学生为多，人数仍在一千左右，而各地来函请求入学者甚多。唯因限于宿舍及课室设备一时无法收容，暑假后或酌收五六百人。理工研究工作决与滇省建设厅合作，在暑期内当组织各项调查团分往各地，然后再拟具体办法。永利办事处似移往香港，设于□□旅馆内，赵文珉、林文彪前本在湖南湘潭为永利规划某项工厂，现闻已放弃此项工作计划，或已入川至重庆或自流井（黄海在重庆、永利前曾有在自流井设厂计划）。赵文珉君系清华大学毕业后往英国深造，专攻煤气及焦炭之制造；林文彪君南开大学矿科毕业，在美国多年，专攻橡胶（化学工程、机械工程）等（得有本西文尼亚大学博士），其通讯处可由迁渝之南大应用化学研究所转。匆书即请教安。[1]

落款为“弟杨石先上，六月十四日”。文中所说永利、黄海为天津企业家范旭东所创办的永利碱厂和黄海化学工业研究社。

1981 年，杨石先（右二）回到昆明，在西南联大时期建筑物前留影

① 张在军提供：西北联合大学档案资料选编。

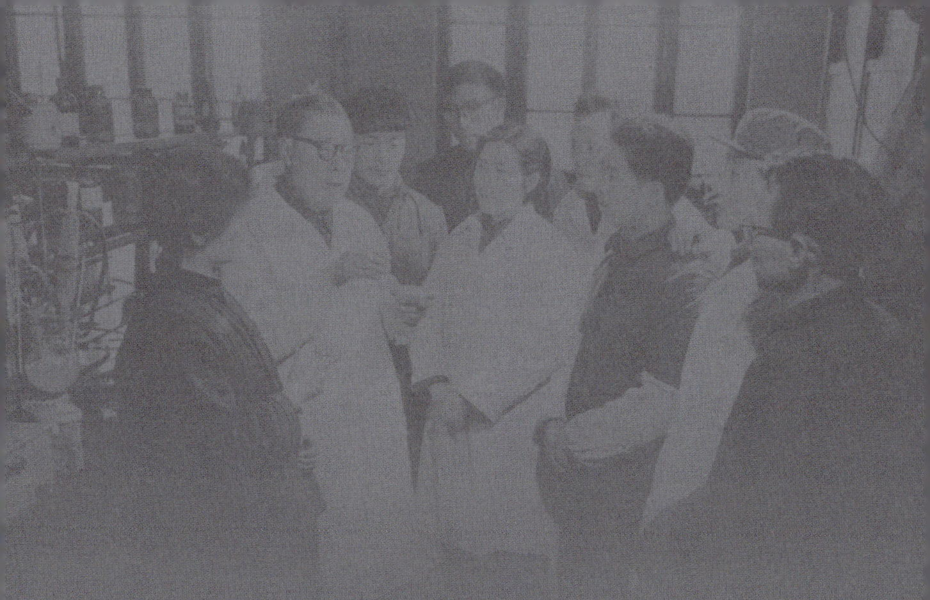

03

“杨阎王”的另一面

建校初期的忙乱，很快就过去了。

学生安顿下来是学习，教授安顿下来是教书。

西南联大的体制像个套盒。大盒子是西南联大，里面还套着许多小盒子。三个学校，各有各的文学院，上面还有个联大文学院。就是学生，有的是联大的学生，有的还是各自学校的学生。这样一来，教授的职责也有了不小的变化，在名教授身上体现得更明显些。比如杨石先，仍是南开大学化学系的主任、理学院的院长，同时还是联大化学系的主任，而联大理学院的院长则另有其人。

当此国难，要的是祛除私怨，精诚合作。

杨先生确实做到了。

杨光伟《杨石先传》上记载着这样一件事。

> 当时工学院设在昆明城外西南拓东路的迤西会馆，理学院设在城北门外。两个学院之间约有五公里之遥，没有交通工具，只能徒步，往返需要很长的时间。住在理学院的化学系教师每周去工学院教四节化学课，要用去四个半天，如果做实验就远不止这些了，因此好多教授不愿去工学院上课，而叫助教去教，学生们很有意见。杨石先见到这种情况，自己带头去工学院讲课。大家见主任亲自上课，张青莲等很多中年教授都抢着去接班，去工学院上课的问题很容易地解决了。大家都很敬佩杨石先这种以身作则的精神。[1]

接班者，其时之教学术语也，意谓接下一个班的教学课时。

杨石先担任联大化学系主任，总有一些事务要处理，他的安排是每天上午到办公室处理完事务后，再参加教学工作。至于时间如何调配，想来自有一套办法。

他不光讲有机化学、药物化学等高年级课程，还给低年

① 杨光伟编著：杨石先传。天津：南开大学出版社，1991 年。

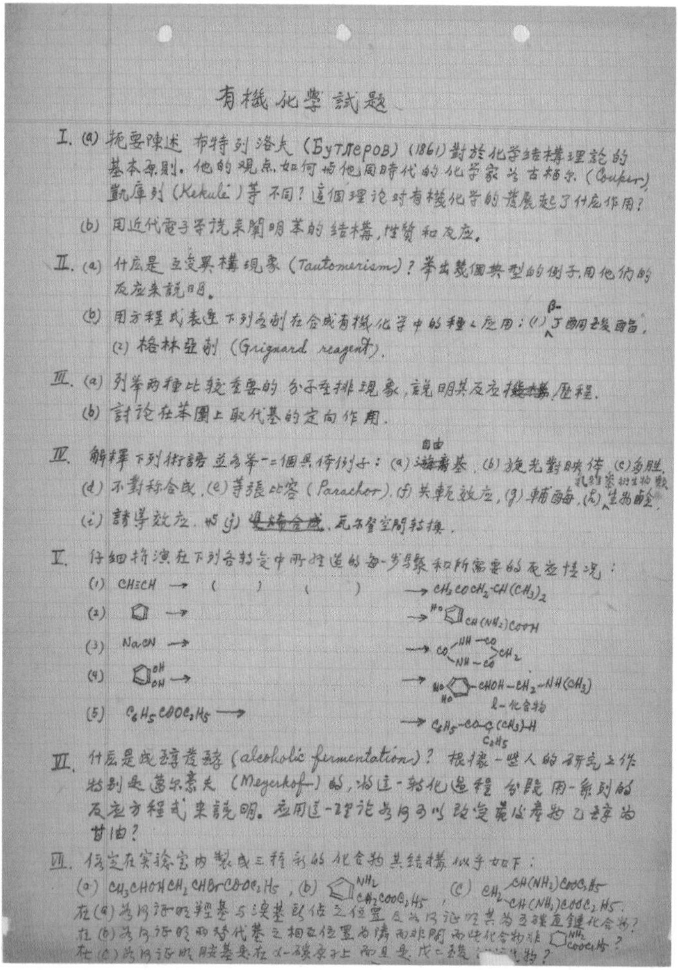

有機化學試題

I. (a) 扼要陳述布特列洛夫 (Бутлеров) (1861) 對於化学结構理論的基本原則。他的观点如何與他同時代的化学家如古柏尔 (Couper)，凱庫列 (Kekulé) 等不同？這個理论对有機化学的發展起了什么作用？

(b) 用近代電子学说来闡明苯的结構，性質和反应。

II. (a) 什么是互变異構現象 (Tautomerism)？举出幾個典型的例子，用他们的反应来說明。

(b) 用方程式表達下列試剂在合成有機化学中的種々应用：(1) β-丁酮酸酯，(2) 格林亞剂 (Grignard reagent)。

III. (a) 列举兩種比较重要的分子重排現象，說明其反应~~機構~~歷程。

(b) 討论在苯環上取代基的定向作用。

IV. 解釋下列術語並各举一二個具体例子：(a) ~~游離~~自由基，(b) 旋光對映体，(c) 多肽，(d) 不對称合成，(e) 等張比容 (Parachor)，(f) 共軛效应，(g) 輔酶，(h) 氨基酸衍生物類生物鹼，(i) 誘導效应，(j) ~~烯合成~~瓦尔登空間轉換。

V. 仔細推演在下列各轉变中所經過的每一步驟和所需要的反应情况：

(1) CH≡CH → (　　) (　　) → $CH_3COCH_2{-}CH(CH_3)_2$

(2) [苯] → HO-[苯]-$CH(NH_2)COOH$

(3) NaCN → CO(NH-CO)(NH-CO)CH_2

(4) [苯](OH)(OH) → HO,HO-[苯]-$CHOH{-}CH_2{-}NH(CH_3)$ l-化合物

(5) $C_6H_5COOC_2H_5$ → $C_6H_5{-}CO{-}C(CH_3)(C_2H_5){-}H$

VI. 什么是酒醇發酵 (alcoholic fermentation)？根據一些人的研究工作特别是邁尔霍夫 (Meyerhof) 的，將這一轉化過程分段用一系列的反应方程式来說明。应用這一理论為何可以改變發酵產物乙醇為甘油？

VII. 假定在实驗室內製成三種新的化合物其結構似乎如下：

(a) $CH_3CHOHCH_2CHBrCOOC_2H_5$，(b) [苯]($NH_2$)($CH_2COOC_2H_5$)，(c) $CH_2(CH(NH_2)COOC_2H_5)_2$。

在 (a) 為何證明羥基與溴基所佔之位置及為何證明其為直碳鏈化合物？在 (b) 為何證明兩替代基之相互位置為隣而非間而此化合物非 [苯](NH_2)($COOC_2H_5$)？在 (c) 為何證明胺基是在 α-碳原子上而且是戊二酸衍生物？

杨石先设计的有机化学试题

级学生讲基础课。后来，黄钰生出任联大师范学院的院长，他又受聘担任了师院化学系的主任，还忙里偷闲，针对师院化学系的教学特点，编了一套《普通化学讲义》。

后来成了著名化学家的唐敖庆，当时是西南联大高年级的学生，对杨石先的讲课印象甚深。

> 那时我在西南联大化学系读书，毕业后留校任助教。石先师长教过我高等有机化学。我和我的同班同学都爱听他的课。他的课备课认真，内容丰富，讲解清晰，富有启发性。从他的讲课中我们深受教益。当时教师分属北大、清华和南开三校。石先师长律己严，待人宽，以身作则，团结全系师生，努力办学，给我们留下深刻的印象。①

杨石先面容端肃，神态冷峻，言词干练，好些助教和学生都怕他，背后叫他“杨阎王”。

这个绰号，在众多学生的忆念文章中，无人提及，就是真的说过的人，谁愿意在老师百年之后说这样的话呢？

是他的女儿杨耆荪女士在《追忆父亲》一文中说到的：

---

① 唐敖庆：我所敬重的师长。引自《杨石先纪念文集》，天津：南开大学出版社，2016 年。

19 世纪 30 年代，杨石先（右一）在思源堂化学实验室中指导学生进行实验

> 父亲是内向的，从不说废话。但处事仔细，考虑周密，公正无私，绝不苟且马虎，严肃少笑，事事认真。在联大时学生和助教背后戏称他作“杨阎王”。[①]

这说法，要么是她偶然听到的，要么是跟母亲聊天时，母亲当笑话说给她的。

同样的意思，学生辈的人说起来要委婉得多。

① 杨耆荪：追忆父亲。引自《杨石先纪念文集》，天津：南开大学出版社，2016 年。

申泮文先生的怀念文章里说了一件趣事，意在冲淡杨石先威严的形象，但任谁看了，仍会觉得这是一位令人敬畏的严师。

石先师平时表情严肃，不苟言笑，所以学生在尊敬之余，都有些心怀畏惧，不敢轻易接近他。记得有一次在一年级上普通化学实验课，我们正做滴定实验，同学孙毓驷在用移液管吸取稀盐酸标准溶液。恰好此时，

杨石先与教职工参加文娱活动

石先师步入实验室巡视学生实验情况，到孙毓驷身旁，孙航驷一紧张，一下子吸空，把盐酸吸入口中呛入喉咙。这应算是违反了操作规程，他心情更加紧张恐惧，手足失措。石先师看到这种尴尬局面，便莞尔一笑，说："吃一点儿稀盐酸到胃里没什么害处，倒是可以帮助消化呢。"我们大家都笑了，局面转为活跃，解除了大家的紧张情绪。实际上石先师是平易近人的，很愿意与学生们交谈，只是他的严肃表情起了障碍作用。与老同学们谈起，大家都说怕他，到了我们都已老年仍然如此，所以我们把石先师看作一位敬畏的严师，但对他我们是永怀尊敬与热爱的。①

“一位（令人）敬畏的严师”，亲切点，背后叫作“杨阎王”，至少没有逻辑上的错误。

女儿的文章里说，戏称其父为“杨阎王”的，有学生，也有助教。接下来，我们要探究的是，杨石先对学生和助教除了一贯的威严，偶尔的风趣，还有什么别的表现。

且将这“别的表现”称之为“‘杨阎王’的另一面”。

考虑到这一部分内容多，又庞杂，且将之分为两章，一章为上，一章为下。为上的谈对助教，为下的谈对学生。

① 申泮文：缅怀恩师，自强不息。引自《杨石先纪念文集》，天津：南开大学出版社，2016 年。

且看除了威严之外，他是怎么对待助教的。

杨石先对助教之好，还未来昆明时，在天津南开即有一例。

我国著名的植物生理学家殷宏章教授，1925年到南开大学生物系读书。当时生物系的课程不多，而且化学又是生物系的基础课，因此殷宏章把化学作为主

1959年10月，杨石先（中）与殷宏章（右）、严东生（左）在北京十三陵

课来学习，那时他就与杨石先建立了深厚的师生之谊。1929 年，殷宏章大学毕业，被留在学校做助教。殷宏章性情耿直，对学校提出了许多尖锐的批评意见，因而得罪了张伯苓校长。殷宏章在生物和化学等方面的基础都很扎实，很有发展前途。杨石先见他做了三四年的助教，而学校又不可能送他出国深造，很是惋惜。于是杨石先就向殷宏章提出，要他去报考清华大学的研究生，清华大学每年都有许多出国名额，将来可以争取出国深造。殷宏章按照杨石先的建议，于 1933 年考取了北京清华大学的研究生，后来被选送到美国学习。1937 年，殷宏章在美国加州大学获得了博士学位。[①]

到了昆明后，在西南联大，每听到选送研究生出国考试的消息，杨石先总是鼓励自己的助教，还有系里的青年教师，大胆参加考试，力争录取后出国深造。

蒋明谦在昆明时是化学系的青年教师，后来成为我国著名的化学家。从他的经历中，最能看出杨石先对年轻人的关心。

1935 年由北京大学化学系毕业后，蒋明谦留校做了北大化学系的助教，不久提升为讲师。到了昆明，就是联大化学系的青年教师了。看出蒋明谦有才学，作为系主任的杨石

① 杨光伟编著：杨石先传。天津：南开大学出版社，1991 年。

先对他很是关心。

还是看蒋明谦的自述吧。

1941年初，我考取了清华第五届公费留美生，学校指定了国内导师三人负责指导，其中一人就是杨先生。我给三位导师写信，只得到杨先生的回信，而且是十多页的长信。他非常认真、详细地对选择学校、导师、课程，甚至行装、旅途以及国外礼节等做了详尽的指导。这对我在留美期间每个阶段都能顺利地完

杨石先（前排左一）与1950级毕业班学生合影

成学习计划，起了决定性作用。其中最重要的是对我学习方面的指导，教我先到规模较小的大学学习一年，然后再到规模宏大的著名大学学习两年。杨先生说，先到较小的大学，接触导师的机会多，便于学好英文，熟悉美国大学教育风格，打好深造的基础，但是这个阶段不能太长；然后必须到一所规模宏大的大学学习，那里著名的教授多，学术水平高，接触的人多，可以开阔眼界，对于提高业务水平很有帮助；如长期停留在比较小的大学，接触的人有限，眼光也受到限制，难于了解学术发展趋势及当代科学发展的主流。杨先生这种指导不仅在20世纪40年代，就是现在也是非常必要，而且是很有教益的。[①]

这些，只是概括的指点，最令蒋明谦感动的是，对选什么学校，跟什么导师，杨先生在长信中都有具体的点拨。

蒋明谦在怀念文章里说，杨先生根据这种看法，将他在美国的学习分为两个阶段来安排。

前一阶段的学习，杨先生为他指定了两所大学：一是到马里兰大学药学院，跟哈同教授学习药物化学，二是到密歇根大学药学院，跟布利克教授学习。虽可二选一，实则杨先

① 蒋明谦：杨石先师为我指明进学之路。引自《杨石先纪念文集》，天津：南开大学出版社，2016年。

生更倾向于他去马里兰大学师从哈同教授。他赞扬哈同教授是年轻有为的药物化学家，信上说：“你能认识这样的人，必将获益非浅。”

对第二阶段的学习，杨先生指定他到伊利诺伊大学化学系跟阿丹姆斯教授学习。杨先生说：“他无疑是当代美国化学界的泰斗，跟他学习必然大大地开阔眼界。”

蒋明谦说他到了美国之后，完全遵照杨先生的指示，先到哈同教授处学习药物化学。哈同教授学识渊博，亲自动手

1946 年 9 月，杨石先在美国西北大学理工馆

做实验，每天都到实验室指导这个中国学生。哈同教授主张药物化学应以分子结构与药理作用的关系为中心内容，并主张化学家必须懂得药理学。这一指导思想，对蒋明谦很有启发。他回国后在北京医学院讲授高等药物化学，就是以这种指导思想为基础的。蒋明谦后来去了伊利诺伊大学，在阿丹姆斯教授指导下学习有机化学，这位大教授经常对他讲，必须把化学作为整体看待；这对蒋明谦也有很深的影响。一开始他对伊利诺伊的传统——着重区别合成与非合成方法，辨别基因反应次序，注重特例与例外的主张——格格不入，但后来了解了这种教学方法的优越性，对阿丹姆斯创导的有机合成及有机反应两大丛书的指导思想有了新的认识。这使他在伊利诺伊大学学习时对基因电负性发生了兴趣，导致他后来提出诱导效性指数。

可以说，蒋明谦在国外学习期间取得了化学研究上的重大成果，杨石先悉心的指导起了不小的作用。

从对蒋明谦的指导上也能看出，自杨石先1931年回国，虽然已经过去了十年，但仍然对国外化学研究的进展及高等人才的分布，烂熟于心，如数家珍。只有随时关注这一学科的前沿状况，他才能给年轻人这样具体而准确的指导，而这正是一个大学者必须具备的品质和眼光。

抗战胜利后回到天津，一直在南开大学执教，成为名教

杨石先与何炳林、陈茹玉交谈

授的何炳林，战时在昆明的联大曾任杨石先的助教，晚年在他与其妻陈茹玉合写的怀念文里，说了他去外地办事，临行时杨先生殷殷叮嘱的情景：

炳林在化学系任助教时，当过一年多办公室秘书，协助老师处理系务和往来文牍，他从不下命令，要炳林办什么事情，一般只提要求，交代一些原则，至于具体如何办，由承办者自己决定，以发挥承办者的主观能动性。所以，炳林觉得在老师领导下工作，总是心情舒畅，能够开动脑筋想问题，敢于大胆负责。这种锻炼，对炳林后来担任领导工作，大有帮助。往事如烟，而老师的恩泽，我们终身难忘。为了搞中草药的研究，有一次炳林要到云南下关去弄一种医治疟疾的中草药——常山。那年月，行旅艰难，路上很不安全，土匪很多，老师十分关注一切准备情况。临行前又找炳林谈话，不仅就安全等问题娓娓叮咛，而且连车子也联系妥当，使炳林深受感动。[①]

人生无常，并非得到杨石先关爱的助教，后来在事业上都有大的成就。关爱是仁慈，更是理解。钱华年曾在联大化学系学习四年，学习成绩甚佳。尚未毕业，杨老师就为她预留了化学系助教的位置。她在怀念文章里说到一件事，更能见出杨石先儒雅慈爱的品质。

1942 年夏末，我决定同化学系同学殷一明结婚，我鼓足了勇气，去请求杨先生两件事，一是请他代表我的家长送我进教堂，另一是我将辞去助教职位，跟殷一明参加在昆明郊外的资源委员会化工厂工作。他

---

① 何炳林，陈茹玉：对先师杨石先的怀念。引自《杨石先纪念文集》，天津：南开大学出版社，2016 年。

1979 年，杨石先在实验室

都答应了。我明知他对我失望了，而他一点儿也没露出他的感情来，并且在我们的结婚仪式上增添了光辉，这些都是我毕生不能忘记的事。[1]

曾当过杨石先助教的陈汝铨，晚年写的一篇文章，颇能说明杨石先对青年教师的关心。通过这篇文章也能窥知杨先生的工作方式。我们一般人会想，他担任那么多的职务，还

① 钱华年：追忆杨石先先生。引自《杨石先纪念文集》，天津：南开大学出版社，2016 年。

南开大学化学系教授邱宗岳

要正常上课，如何应付得过来。而大胸襟的人，往往有大智慧，寻常人犯愁的事，在他那儿不过是四个字，"应付裕如"也。

陈汝铨说，他是1940年接替姚玉林学兄应聘到昆明西南联大（南开加聘）担任杨石先的助教职务的。那时候化学系在昆华北院附近简陋的平房里。石先师曾任西南联大教务长、理学院院长及化学系主任，工作比较忙。化学系的日常行政工作，他基本上交给张为申先生和陈汝铨先生两人负责办理。他只抓重大决策及他所担任的教课任务。石先师的特点是一身正气，满腔热情，办事民主，肯放手让大家大胆工作，善于调动大家的积极性。石先师这样放手，陈汝铨和张为申两人就少了负担，便按照石先师的指示，进行具体的工作。当时，西南联大化学系除石先师外，还有高崇熙、黄子卿、张青莲、邱宗岳、曾昭抡、朱汝华、苏国桢等著名化学、化工教授。助教层有张为申、陈光旭、高振衡、曹本熹、刘维勤、唐敖庆、钱人元、陆迪利、沈淑英、陈天池和陈汝铨等人。在那抗战疲惫、兵荒马乱、生活艰苦、思想苦闷的年代，石先师对大家在生活上关心照顾，同甘共苦；工作上民主协商，求同存异，敬业互助。他以身作则，把大家团结成亲密无间、虽苦仍乐的坚强集体，人人愉快地工作，共同顺利而出色地完成全系的教学任务。他还鼓励助教在做好本职工作之余，努力进修业务，争取将来出国深造。

上面这一段话是空疏了些，好在作者笔端带着感情，能让人感到他对杨石先其人是真的尊仰，真的佩服。下面说到具体的事，还是引录原文为佳：

> 1942 年秋天，当时的“教育部”公开招考留英公费研究生，我们化学系就有曹本熹、陆迪利和我三人在石先师的鼓励下报名应试。后来发榜共录取八名。其中经济系一名，由西南联大经济系助教张自存夺冠录取。此外工程技术七个学科各录取一名共七名，除电机学科由上海交通大学毕业生孟庆元夺冠录取外，其余六名都由西南联大理、工两学院全部囊括。曹本熹、陆迪利和我都被录取了。八名之中，西南联大占了七名，化学系独占三名，足见当时西南联大学习风气之浓盛，

1983 年 6 月，杨石先（右）与物理化学家唐敖庆交谈

由此亦可见在石先师领导下，培育青年的卓越成效。[①]

曾在西南联大化学系读书的唐敖庆，毕业后留校做了助教。晚年在怀念文章里，说了杨石先对他生活上的关心。

石先师长不仅关心我们青年教师在业务和品德上的成长，也很关心我们的生活。1943 年，我的爱人从

① 陈汝铨：永远的怀念。引自《杨石先纪念文集》，天津：南开大学出版社，2016 年。

家乡到昆明与我结婚。当时我们的生活很困难，石先师长知道后，先是介绍我当家庭教师，后来又介绍我到中学兼课。通过这些额外收入，免除了我一家的饥馁。石先师长不仅对我如此，对所有青年教师都是这样关怀备至。[①]

王积涛先生的事例，更典型些。他从已然沦陷的上海，辗转数千里来到昆明，成为杨石先的学生，毕业后留校当助教，又经杨石先指导，考取留美公费生。可惜的是，他的叙事，对他来说已经很清晰了，在我们看来，还是太简略了。

记得57年前（1939年），我从上海辗转前往昆明西南联合大学化学系插班，入学的第一天，在化学系办公室见到了系主任杨石先先生。他一见我就特别热情，详细地问我是从哪里转过来的，学过什么课程，当他知道我曾在抗战前"国立中央大学学过农科一年，东吴大学学过化学一年"，他连连点头说："你的英文基础和化学基础不错，可以插入联大化学系二年级。"他同时告诉我，他以前也学过农科，学一些生物学知识对化学的学习有好处。第一天，他给我的印象，就

① 唐敖庆：我所敬重的师长。引自《杨石先纪念文集》，天津：南开大学出版社，2016年。

杨石先乘船归国，在码头与同船归国者合影

像是可亲的师长。[1]

文中，王积涛说，杨石先在讲高等有机化学、药物化学时，有时还介绍一些政治和历史知识。其时正是抗战期间，杨先生讲道，一个国家如没有科学技术，就会受到帝国主义的欺侮。例如德国的药物研究，当时发明了治疗梅毒的特效药物，

① 王积涛：纪念杨石先老师百年诞辰。引自《杨石先纪念文集》，天津：南开大学出版社，2016年。

对世界上流行病起了抑制作用，但是也帮德国帝国主义在亚非地区扩张了势力。当时非洲地方流行一种睡眠症（由蚊虫叮咬传染的），除了德国保密的一种药物可治之外，其他国家都无法医治，德国利用这些先进技术抢占市场，甚至扩充势力。西方国家的科学技术不仅是造福本国人民的工具，也是侵略别国的资本，他的这一思想和教导，对我们树立好好学习、救亡图存的思想，是起了激励作用的。

王积涛最感动的是，杨石先留他当助教，最终赴美留学后，在美期间仍给他帮助。

毕业后杨先生留我在西南联大当助教，帮他辅导药物化学课，并加入他研究抗疟疾药物的研究组。杨先生的爱国民主情，全部倾注于他的教学科研之中。我跟他在当时简陋的实验室里，做了几年的药物研究工作，我为他结合实际、寻找中国传统草药有效成分的努力所深深地感动。1945 年我被录取为留美公费生，学习药物化学，杨先生就是我的留美学习导师。他帮我选择留美学校，选修研究生课程，后来他到了美国，还亲自过问我的学习情况。在我获得博士学位后，他还介绍我到美国礼来药厂找药理研究室主任——他的清华老同学陈克恢先生，安排我在那里实习药理研究。他对我的关心和培养，我永远忘不了。①

一个人学业优秀，又有这样的老师帮衬，想没出息都难。

像是知道我在多年后要写杨石先的小传，传中还会专门有一节谈杨石先对青年教师的关爱与帮助一样，王积涛的文章里，有一段文字将杨先生的这一品德做了概括。好在文字不长，引录如下：

① 王积涛：纪念杨石先老师百年诞辰。引自《杨石先纪念文集》，天津：南开大学出版社，2016 年。

杨先生对学生的厚爱并不仅仅倾注于我一人身上，在抗日战争期间，他本人生活虽很清贫，还不时接济一些贫困的青年学生，凡是在联大学习过的学生，如唐敖庆、申泮文、陈天池等都异口同声称赞杨先生的爱才恩德。[①]

杨石先与《杨石先传》作者杨光伟

① 王积涛：纪念杨石先老师百年诞辰。引自《杨石先纪念文集》，天津：南开大学出版社，2016年。

04

出任
联大教务长

该着杨石先“上位”了。这词俗了些，想想，还就得是它。不是他的本事大，是“该着”了。

联大这地方，都是凭本事吃饭的。本事上难说谁比谁强。除非你能分得出太平洋的海水跟大西洋的海水哪个更咸，英格兰的墨水跟美利坚的墨水哪个更蓝。

推动这“该着”的，或者说这“该着”的主推动力，是时势。珍珠港事件后，美军参战，先是登陆北非，接下来酝酿开辟第二战场，第二次世界大战的结束，不再是遥遥无期，而是指日可待。

联大的事，还得从联大的根子上说。

这就要说到联大的规矩和规模。

南开大学国立西南联合大学纪念碑

先说规模。规矩是因规模而定的，有了规模才有规矩。

有三点，必须先厘清。

第一，组建联大，清华是基础。这基础，最初表现在地头上。

早在 1935 年，华北受到日军的侵扰，有变为第二个东北的可能之际，梅贻琦就做了南迁的准备。学校拨款数十万元，在长沙买地建起房舍，并迁去部分教学设备与图书，一旦华北有变，立刻南迁长沙。1937 年抗战全面爆发后，教育部组建临时大学，将地址选在长沙，长沙在后方，这只是必具条件，切实的依靠则是这儿已有清华打下的后撤的基础。

第二，师生人数上，清华占了大头。

前面所引《国立西南联合大学校史》中的数字，已经很能说明问题，这里就不再重复了。

第三，办学经费上，清华占了绝对优势。

《梅贻琦与清华大学》一书中有具体数额。

> 长沙临大和昆明联大的经费，出自北大、清华、南开三校。清华的经费仍由中华文化教育基金会照例按月拨给。1937 年 9 月起，政府因战争缩减文教经费开支，把已经核定的全国各国立院校的经费都按七成发给。当时三校各以所领经费的半数拨给临大，此半数经费尚需由三校各自扣除参加临大教工的工薪。自 1937 年 9 月起至 1938 年 4 月止，三校拨发经费额，清华计为 18.9 万元，北大计为 1.64 万元，南开计为 4.9 千元。平均每月只有了万余元，勉强维持学校。三校所剩余的一半经费，各自保留作为校产保管和员生救济之用。[1]

注意，文中三校拨发经费额的计量单位不同，想来是作

① 黄延复主编：梅贻琦与清华大学。太原：山西教育出版社，1993 年。

者给南开大学留了情面。计量单位若一致了，以万元为单位，则南开大学的经费为 0.49 万元。

上面三点可说明规模，再来看看规矩。

大的规矩是教育部定下的，就三个大学校长，为联合大学的常委。也就是说，联合成一校后，不设校长，有事三个人商量着办。

这是大道理，实际上是做不到的。

比如张伯苓和梅贻琦，梅是南开中学第一届学生，什么时候见了张都毕恭毕敬，张也知道自己在跟前，梅总是缩手缩脚。于是张来了几次之后，便干脆不来，在重庆一心经营新办的南开中学，偶尔还参与中枢的国家大事。

再比如北大的蒋梦麟，当过教育总长，又是北大的老校长。清华招大学生是 1925 年的事，改大学是 1928 年的事，梅当校长是 1931 年的事，他比梅大了好几岁，两人共事，梅总尊他为兄长。最最重要的是，前些年，北大学生不停地闹事，让他烦透了，早就想脱身出来。正好中枢也有意借重他，让他担负起中国红十字会的责任，他也就乐得推开了。前几年还住在昆明，后几年干脆躲在重庆，连人影也见不着了。

说来说去是，名为三校长通力合作，共管校务，实际上从在临大起，就是梅贻琦独掌“朝纲”了。

所以这里就要说到梅贻琦治校的规矩了。

梅治校的规矩，基本上沿袭了清华大学的规矩。有校务委员会，有教授会，另设总务长、教务长，稍后还遵部令设了训导长。再下来就是尽量维护一个大的联合，又让各校能自行其是。

比如学院的设置，各校都有的，组成一个大的学院，文学院就是这样。早期各校教授仍是各校的。后来联大聘下的教授，代哪个学校的课，哪个学校再“加聘”就是了。举例说，工学院是清华的强项，施嘉炀是清华工学院的院长，也就成了联大工学院的院长，北大无工学院，南开只有化工系，并进来就是，系主任仍是南开的人。

在联大的院系负责人里，杨石先是南开大学化学系的主任、南开大学理学院的院长，但不是联大理学院院长，可又是联大理学院化学系的主任。联大理学院的院长是清华的吴有训。这颇能见出梅贻琦校长用人上的智慧。说白了，理学院是清华的强项，只能由清华的人当院长。实际上清华的化学系也很强，但总不能全让清华的人当负责人。

智慧的底子是品格，是胸襟。

梅贻琦治理联大是有他的一套方略的。质言之便是公道、平和。公道是他一心为了联大，不存在任何私念，平和则是因为他知道急躁于事无补，反而有害。

但是，待到1941年10月间，迁校事已废，学校一切均上了正轨，梅校长还是遇到一个头痛的问题，且称之为“二长事件”。

此一事件，《梅贻琦日记（1941—1946）》上有明确的记载。

> 10月15日：下午六点在西仓坡开联大常委会，郑、樊各有函请辞，讨论许久不得解决。余坚谓常委主席、总务长、事务主任不宜由一校人担任，且总务长若再以沈继任，则常委会竟是清华校务会议（岱孙现代序经任法商院长）。
>
> 11月3日：上午下午皆在联大，郑未复职，樊又辞职，查病尚未愈，只好勉唱独角戏，尚不以为苦也。
>
> 11月8日：午饭后，黄、陈序经、吴、岱孙同来谈二长问题。[①]

看见了吧？后一日日记里，梅自己就说是“二长问题”。

日记记事，往往简略，尤其是涉及人名，有的只有姓没有名，有的无名而是字。要说清事情的真相，这样云里雾里显然不行，且将日记中写到的诸人，姓甚名谁，身系何职，一一道明。

---

① 黄延复主编：梅贻琦日记（1941—1946）。北京：清华大学出版社，2001年。

郑：郑天挺，字毅生，北大教授，北大课业长（相当于教务长），时为联大总务长。

樊：樊际昌，字达羽，北大教授，时为联大教务长。

沈：沈履，字茀斋，清华教授。

查：查良钊，字勉仲，南开教授，时为联大训导长。

黄：黄钰生，字子坚，南开大学秘书长，时为联大师范学院院长。

陈序经：字怀民，南开教授，时任联大法商学院院长。

吴：吴有训，字正之，清华教授，时任清华兼联大理学院院长。

岱孙：陈总，字岱孙，清华教授，联大法商学院代理院长。

再全面地看一下联大的主要职位。有五个学院（包括师范学院）、三个处，负责人分别是：

文学院院长冯友兰，工学院院长施嘉炀，理学院院长吴有训，法商学院院长陈序经，师范学院院长黄钰生。

总务长郑天挺，教务长樊际昌，训导长查良钊。

以上八人中，以学校分一下。

清华：文学院院长冯友兰，工学院院长施嘉炀、理学院院长吴有训，法商学院院长陈岱孙。

北大：总务长郑天挺，教务长樊际昌。

南开：训导长查良钊，师范学院院长黄钰生。

有的地方看起来蹊跷，实则有它内在的关联。比如北大的文学院很强，联大的文学院应当是由北大的人出任院长，而偏偏是清华的冯友兰当了院长。这是你忽视了冯的出身，冯是老北大出身，担任联大文学院院长，可说是不二人选。再比如黄钰生在联大的地位一直很重要，除了他是张伯苓在联大的代理人之外，还与他是清华出身有相当大的关系。

从这个布局能看得出来，重要的学院全掌握在清华教授手中。三长，在联大是没有实权而偏重于事务性的，分别给了北大和南开。这还不是清华大权独揽吗？

梅贻琦主持联大校政，最怕人说的就是这个。

还得说一下，其时的大学教授看重的是教书，是钻研学问。行政事务，气顺了可以做做，气不顺了没有不撂挑子的。可千万别以为他们会恋权。

梅贻琦是个平和的人，遇上“二长问题”这样的困境，会皱皱眉头，但绝不会发愁。他的办法是劝说，开会，商量，晓之以理，动之以情。

第一个办法出来了，日记上有记载。

11 月 10 日：下午 3:35—5:00 偕查、毕、陈及三教官看新校北区，与蒋谈二长问题，历时 5 分钟。

11 月 13 日：下午三点联大常委会，蒋因汽车在途被阻未赶到。四点联大校务会议，报告数项外无要事。

五点半再开常委会，通过改聘周枚荪为教务长，杨石先暂代；沈茀斋为总务长。

11 月 14 日：上午，视察师范学院及新昆中之一年级宿舍、教室，后至温德处稍坐。下午接沈辞信，赶再函郑促仍复职。①

查：查良钊，南开教授，时任联大训导长。毕、陈，不详。

蒋：蒋梦麟，北大校长，联大部定三常委之一。

周枚荪：周炳琳，北大教授，曾任教育部常务次长。

沈茀斋：沈履，清华教授，曾任浙江大学秘书长。

显然这次会议上的调整并不成功。改聘周炳琳（枚荪）为教务长，杨石先暂代还没什么，而定下沈履（茀斋）为总务长，沈第二天就递上辞职信。这也要怪梅贻琦处置失当。北大的两长要辞职，你不想办法平复辞职者情绪，反而另委人取而代之。取而代之的两个人中，还有一位是清华的。或许这正是梅先生的缓兵之计，那就另说了。

倒是杨石先，全不在乎，既然常委会定下他，他去做就是了。《梅贻琦日记（1941—1946）》上的记载是：

---

① 黄延复主编：梅贻琦日记（1941—1946）。北京：清华大学出版社，2001 年。

11 月 17 日：上午，杨石先到教务处，毅生来商量须下星期复职。

11 月 17 日是星期一，杨石先到任办公，郑天挺下星期可复职。这场危机，像是解决了。料不到的是，又出了岔子。

12 月 5 日：晚饭后，周枚荪来谈，关于教务长，周力推光旦继任。

樊际昌是北大的，要辞职，梅贻琦再委一个北大教授（周炳琳）接替，周一时不能到任，让杨石先暂代，应当说梅的这一招没有错。

为什么不直接委任杨石先为教务长呢？想来这场危机，系由“清华独揽联大大权”引起，梅贻琦的办法是尽量减弱权力部门的清华色彩。所以委了沈履接任总务长，也是知道郑天挺面子软，会复职的，让沈履接任不过是个“姿态”。按说教务长一职，完全可以直接委任杨石先，多半是考虑到杨石先虽是南开教授，但身上的清华色彩太重了。周炳琳是北大的，又有行政经验，实在是教务长的恰当人选。

11 月 17 日，杨石先已到任办公。12 月 5 日，过了半个月了，周炳琳又找到梅贻琦，推荐潘光旦接任他的教务长。这又是为了什么呢？

查有关资料，原来，周炳琳被委了大差事。就在联大出了“二长事件”，梅贻琦考虑如何调配人手时，中枢发来公事，调周炳琳去重庆整顿中央政治学校。梅以为这不过是临时差遣，费不了多少时日，仍按他原来的考虑定了下来，只是在周外出时，由杨石先暂代而已。估计这期间，周去了一趟重庆，对去中央政治学校的事摸了底，知道绝非两三个月或是一年半载可以了断，这样自己不能老是让人暂代，就得物色一个自己凭信的人了。一想就想到了好朋友潘光旦。潘其实正任着清华的教育长，款步轻移，上兼了联大的教务长，该是顺理成章的事。推想梅贻琦听了这个建议，只会淡然一笑，将之记在日记上已是高抬了。“二长问题”要解决，只有淡化“清华包揽联大”的成色，如何能让大名鼎鼎的清华名教授潘先生，再兼了联大的教务长呢？

这事也就搁了下来，杨石先也不能老是兼着，不久这个兼字，不去也去了。周炳琳去重庆整顿中央政治学校，一干就是两年多，回来已是 1944 年 8 月，正好联大法商学院院长陈序经奉派赴美，梅贻琦就让周炳琳接了陈的院长之职。

有文章说，潘光旦曾任联大的教务长，既然杨石先之前没任过，那就必定是在杨石先之后了。周炳琳自重庆归来已是1944年8月，杨石先就是兼着教务长也兼到了这个时间，潘光旦也只能在这个时间当教务长，若潘真的当了，杨石先就不能说是联大最后一任教务长了。

这就要看潘光旦当没当过联大的教务长。

查手边《潘光旦文集》，第十一卷上有《潘光旦生平和著作年表》。细细查了一遍，算是明白了此中的原委。潘光旦确实当过西南联大的教务长，且不是在杨石先之后，而是在这次递了辞呈的樊际昌之前，连当清华教育长一并昭示：

> 1936年2月：任清华大学教务长，至1946年7月。

1938年10月，杨石先（右二）与陈序经（左一）、方显廷（左二）、李卓敏（右一）在西南联大

1938 年 4 月：任昆明西南联合大学教授至 1946 年 7 月，兼任教务长至 1938 年 7 月。[1]

这个问题算是厘清了。周炳琳的举荐也泡了汤。

对杨石先来说，起初是暂代，待周的举荐落空，周又一去不返，杨的暂代也就不为暂代，而成为实任了。在西南联大这样的文人机关，想来不会有什么程序，只消梅贻琦在常委会上轻轻说一句“枚荪当下不回来了，石先你就干着吧”就行了。

不过是几年的教务长，杨石先还当过一届联大常务委员会的主席呢。

这又要说到联大的格局，还有梅贻琦的良苦用心。

建立联合大学，最初是长沙临时大学，据说是傅斯年提出的。临大的领导，教育部定的是不设校长，由三校校长任常委，共同管理。这一听就是个临时的办法，没有办法的办法，也可说，是没有好办法的一种退而求其次的办法。武汉沦陷后，日军必将南下，长沙是待不住了，教育部指令，临大西迁昆明，改称西南联合大学。去掉了“临时”二字，成为一所正式的国立大学。

成为正式的大学，还要不要校长？

① 潘光旦著：潘光旦文集。北京：北京大学出版社，1993 年。

好多书上回避这个问题，以为临大定下的三常委制，到昆明必一仍其旧。

过去披露出来的资料不多，可以含含混混地这么说，也不算大错。因为后来在昆明，确实执行的是三常委制。甚至说张伯苓不来，蒋梦麟不情愿干，只能由清华校长梅贻琦一人挑大梁，独木支大厦了。

听起来顺顺当当，蛮像那么回事儿。

合乎情理，也合乎逻辑，只可惜的是，事实不给这个面子。

北大教授郑天挺先生逝后留下的西南联大日记。因牵涉人事太多，家属一直不愿出版，几经周折，终于在2018年1月由中华书局出版了。

该书1938年1月1日条下有言：

> 傅孟真斯年谈临时大学迁昆明后，将请孟邻（梦麟）师为校长，此事孟真闻之陈之迈，之迈闻之顾一樵。孟真意，事果实现，请周枚荪炳琳回校，以调停于清华、南开、北大三校之间，余甚然之。[1]

同年1月19日条下有言：

① 郑天挺著：郑天挺西南联大日记。北京：中华书局，2018年。

（下午）五时谒孟邻（梦麟）师，谈临时大学迁昆明后，将以周梅（枚）荪为总务长、潘光旦为教务长，黄子坚为建设长、胡适之师为文学院长、吴正之为理学院长、方显庭为法商学院长、施嘉炀为工学院长，谈至九时归校。①

有此两则，则可知悉，西迁后蒋梦麟疏于参与校事。盖梅贻琦主持校政，是被实力“拥”上去的，他不说话，校务就推行不开。不能说梅擅权，只能说蒋知趣，往后退了一步。

南开大学旧时风光

① 郑天挺著：郑天挺西南联大日记。北京：中华书局，2018年。

但各学院院长的设置，几乎还是蒋在长沙定下的盘子。

梅贻琦是个自重自爱的人。部里定下的三常委制，到了昆明，无意间成了他唱独角戏，心里总有几分不安。张伯苓在重庆一门心思经营他的南开中学。一说到联大事，满口天津腔：“我的表你戴着。”他是学生，只有听命。到了1941年，联大的格局已定，他最为希望的，就是此时蒋梦麟能出山，担任联大常委会的主席，不必行文，至少是每次联大常委会担任主持人即主席就行了。

还得插一句，说说这个联大常委会。按教育部的行文，联大不设校长，由三校校长任常委共同负责。道理可以这么讲，但事情无法这么做。张伯苓是确定不来，昆明就蒋与梅，两个人怎么组成一个常委会?

有鉴于此，梅与蒋商量后，成立了一个扩大的常委会，人员包括两长（教育长、总务长），后来教育部行文，大学设训导长，于是常委会又加上了训导长。再就是联大各学院的院长，后来成立了师范学院，也加上这个院长。这样一来，这个常委会就是，部定三常委加三长和五院长，共是11人。

这不是我的臆测，在黄延复、王小宁整理并作注的《梅贻琦日记（1941—1946）》里，注文中有明确的记载，其第4页页下注：

南开大学旧时风光

蒋，即蒋梦麟；杨，杨振声，时为联大常委会秘书主任；黄，即黄钰生，时为南开大学秘书长，联大常委；吴，即吴有训。[1]

---

① 黄延复主编：梅贻琦日记（1941—1946）。北京：清华大学出版社，2001 年。

不必一一确认了，从后来开常委会的人员名单可见，至少三长五院长都是参加常委会会议的人。

实际责任可以多担点，面子上必须是三校平等，轮流坐庄。

他是打麻将的高手，不会不懂得这个道理。

过去的常委会，蒋梦麟只要在昆明，差不多也都参加，只是死活不坐主席的位置，不说主持人的话语，必须再做工作，待之以诚，或许有望。

> 1941年5月13日：上午至联大办公处与毅生谈二事。1. 告以清华拟补五十万事，因恐昨日与蒋君略谈者或未明了。郑谓北大明日将有校务会议，再行计议，大家之意拟不接受，而专注意于预算之确定。2. 告以余愿蒋君继任主席至少一年，盖吾二人原无所谓，但校中人众，如此似较好耳。[①]

梅先生这话，说得再恳切不过了，蒋先生那边呢，想来是虚与委蛇，只是个不应允。

蒋的资格比梅老，如此行事，梅是一点儿办法也没有，不久就发生了"二长风波"，经再三劝慰，郑天挺总算复了职，教务长原定周炳琳，是北大人，周有事不能就任，便推荐潘光旦，潘是清华人，万万不能，只好让南开人杨石先暂代。蒋梦麟不出任常委会主席，参与联大决策层的教务长、总务长都是北大人，也对得起北大了。

---

① 黄延复主编：梅贻琦日记（1941—1946）。北京：清华大学出版社，2001年。

此后两三年，就这么维持着。

当时知识界都有一个信仰，美军参战，战局必然扭转；若开辟第二战场，德军必败。德军败了，日军必败。真正开辟第二战场，即诺曼底登陆，是 1944 年 6 月间的事。这是一拖再拖的结果。实际上在前一年，就在准备着。

原本确定的三常委制，多少年，就自己一人执掌，梅贻琦的心境如何，可想而知。必须改变！蒋梦麟不给面子，那就只有转而求他的老校长张伯苓先生了。梅常去重庆，去了就到张府拜谒，想来这话一说，张伯苓不会不理解，但要去昆明住上一年，老校长可就不干了。他自有他的智慧，当年三常委制，他既然能对梅贻琦说“我的表你戴着”，这会儿也会说句“那就让杨石先戴上一阵子”。有这么一句话，梅贻琦自然知道该如何运作了。

具体的运作如何，无文字材料，不敢瞎猜。北京大学档案馆存有联大常委会的两份会议记录，记录着主席、记录、参会人员、会议议题，清楚地说明了主席人选的变化。这一记录，何以存在北大，极有可能是会议记录者章廷谦（川岛）是北京大学的教员（后为教授）。北大复员后，将他保存的记录交给了北大。

我是通过朋友查阅到的，仅两份，全录在这儿，以见杨石先后期在联大地位的变化。

1923 年冬，杨石先（右二）在南开大学西村与张伯苓校长（左三）等人合影

第二八五次会议（1944 年 1 月 12 日）

时间：三十三年一月十二日下午五时

地点：昆明才盛巷二号，北京大学办事处

出席者：蒋梦麟、张伯苓（杨石先代）、杨石先、冯友兰、陈序经、郑天挺、黄钰生、吴有训、查良钊、施嘉炀

主席：杨石先（代）

记录：章廷谦

一、报告事项

（一）杨代主席报告：中央银行昆明分行为本大学，

拟将前订透支国币一百万元到期合约展期六个月一节，业经转报总行核示复函。

（二）杨代主席报告：教育部为饬大学实施理工科学生分发实习办法训令。

（三）杨代主席报告：中国全国工业协会云南分会为促进工矿生产调剂供需，特请本大学为赞助会员来函。

（四）蒋常委报告：本席因中基会于本月十六日在渝开会，拟即赴渝出席。

（五）黄钰生先生报告：本大学师范学院附属中小学卅二年一至十二月份经费收支情形。

二、议决事项

（一）在蒋常委、梅常委赴渝离校期内，所有常务委员会主席职务，请杨石先先生暂行兼代。〈通知〉

石先（签字）

第二八六次会议（1944 年 1 月 19 日）

时间：三十三年一月十九日下午五时

地点：昆明文化巷三十号，南开大学办事处

出席者：杨石先、张伯苓（杨石先代）、吴有训、查良钊、郑天挺、黄钰生、梅贻琦（杨石先代）

主席：杨石先（代）

记录：章廷谦

一、报告事项

（一）杨代主席报告：中国红十字救护队第六材料分库为捐赠本大学药品一箱业已运到，请即来处洽取来函。

石先（签字）

有这两个文件，就可以知道，在联大的历史上，杨石先确实代张伯苓当过一届的常务会主席。

这个主席没有当到抗战胜利，不是他知道这个是空名不干了，而是又遇上好事，教育部为嘉奖抗战期间有功绩的教授，选派数人出国，杨石先入选了。

这次去的，仍是印第安纳大学。杨石先 1945 年 9 月赴美，时日延宕，再回到天津，已是 1948 年 2 月了。

1946 年，杨石先在美国印第安纳大学期间

05

战乱中的坚守

这一章很不好写，杨石先从美国回到天津，已是1948年2月，距中华人民共和国成立即1949年10月，不过一年半的时间。这一时期，史称解放战争时期，而南开大学又处于北上复员改为国立、根基尚不稳定的特殊时期。事情想来很多，材料却少得可怜。

一张旧报纸帮了大忙。

是一个朋友帮我找到的，很稀罕的一种报纸，叫《大锡报》。网上查了一下，说是民国时期江苏无锡出版时间最久、最具影响力的地方报纸。1912年创办，1949年4月无锡解放终刊。这么说，我说是“很稀罕”，倒显得孤陋寡闻了。

杨石先在南开大学马蹄湖周总理纪念碑前

“大锡报”三字为吴敬恒所题。我得到的是第1079号，中华民国三十七年（1948年）九月二十八日出版。其中有两个大标题：

△蒋梦麟谒翁。

△杨石先演讲，防治农业虫害。

“蒋梦麟谒翁”大标题下全文为：“中国农村复兴委员会主委蒋梦麟今晨九时谒翁文灏院长，就劳役复兴款项之使用问题有所请示。”看《郑天挺西南联大日记》，知联大后期，蒋梦麟已赴重庆，接受了中国红十字会主任干事的职务（会长为宋美龄）。现在他又以中国农村复兴委员会主委的身份谒见行政院长翁文灏，可见抗战胜利后他又转任新职。这个职务，到了台湾以后一直干着。

时局变化，对名人多有重用，这也是常事，像南开大学校长张伯苓官更大，当了考试院的院长。

现在说杨石先的事。

《杨石先演讲，防治农业害虫》，标题是那么个标题，下面的正文是：

> 【中央社天津二十七日电】津中国化学会、中国化学工程学会、中华化学工业会联合会，特请杨石先氏做学术演讲，杨氏对大战后世界各国扑灭各种有害人类之昆虫动物所应用之化学方法，做详细之介绍，并谓我国为农业国，但对农业害虫尚无防治之良法，所受损失至巨，深望各会员会后多从事研究。

这张《大锡报》为分栏竖排，除过下面四分之一为广告与小说连载外，上面四分之三，分作十栏，有的地方，比如头条，五栏上下打通，整体排版极为讲究，看去既花哨又明晰，从标题到内容，确实给人一种战乱的景象。

而这“乱象”里，杨石先做的关于防治农业害虫的讲演，显得格外“扎眼”，也就格外的高洁。

战乱中的坚守，守护的不仅是学问，更是一种精神。

日本投降后，当年南下的院校，重返各自的校园复课。离开七八年回来，各自有各自的难题。约略说来，北大在于甄别学生（日据时期仍办有北大），清华在于整理校园，相比而言，南开遇到的问题更大些，也更特殊些。

1946 年 10 月 17 日，南开大学在天津八里台原校址举行复校开学典礼

南开原来是私立学校，经过“西南联大”这一番组合，变为国立大学不是难事。既是国立，就该享有与北大、清华一样的经费待遇，这是一个难题。张伯苓已就任考试院院长，还能不能担任大学校长，又是一个难题。

要说主持校务，张伯苓手下不乏其人，现成的就有两位，一位是当过联大师范学院院长的黄钰生，一位是当过联大教务长，一度还代他当常务会主席的杨石先。

杨石先的资历、人望不说了，黄先生还是要说上几句。

战前在天津，黄一直是南开的秘书长，等于是代校长行事。南开大学的新校区是他一手经营建起的。到了昆明，任师范学院院长之前，他的实际职务是联大的建设长，联大的北校区就凝结着他的心血。三校中，南开属“小弟弟”，而这个黄先生在该给南开争权益时，寸步不让。《郑天挺西南联大日记》里说过一个故事。清华有钱，拟拿出50万美金分给三校的研究所使用，校常务会上定的方案是清华五，北大四，南开一。黄钰生不同意，找郑天挺讲理，说绝不能按这个比例使用，若这个比例定下了，南开就永远不得翻身。比如100万，你可以给南开10万零1元，也不能只给10万。给10万零1元，打破了这个比例，南开就接受，你那个10万元整，南开万难接受，事情的结果，郑天挺日记上没说，但从这件事上，我们就可以看出，黄钰生先生真乃治事之才也。

1980 年 4 月，在津清华毕业生聚会，杨石先（中）与黄钰生（左）、杨天受（右）合影

这样的人当校长，还有话说吗？

杨石先、黄钰生是张伯苓治校的左膀右臂，校长之事，张伯苓绝对是考虑过的。

而现在的难题，不是治事，而是与高层抗争以维护南开的权益，至少也要维护南开的体面。

所谓的高层，应指的是教育部部长朱家骅这样的实权派人物。当了考试院院长，不能当大学校长，就是朱家骅明文提出的。

想想吧，杨石先能跟姓朱的打得了交道，还是黄钰生能跟姓朱的打得了交道？

按说杨石先是有资格的。1918 年杨石先赴美留学，与朱家骅夫妇一路同船，有这层关系，按礼节，什么时候见了

1918 年，杨石先（四排左三）在清华留美学校毕业时与同学合影

都可以亲亲热热，杨说什么，朱会笑着听听。可张伯苓知道，遇上这样的事，杨石先去了也只会说：“骝先兄，这样不妥吧？”想让杨石先语出滔滔，据理力争，那是别想的，杨石先不是那种人。

反复思忖之下，张伯苓想到了一个人，说不定他最先想到的，其实就是这个人。

此人本事大，声望高，还在政府做过大官，他就是何廉。

此一刻何廉在美国。

在美国又怎么啦，张伯苓叫他回来，看他回不回？

你别说，一叫，还真的回来了。

后来的事，《何廉回忆录》都写着，还是当文抄公吧。

1948年将近8月底的时候，我们从美国回到中国，全家在上海安顿下来，我乘机在那里停留了四个星期。我是应张伯苓的要求回国的，所以不久即赴南京去跟他会面商谈。我和他一起住在考试院官邸。在跟他谈话中，我发觉张伯苓内心里并不愿意放弃南开大学的职位，这是一种感情上的依依不舍而非对权力的恋栈问题。我访谒了朱家骅部长，他以官方的身份接待我。朱家骅部长反复地说，南开大学既然已是国立的了，那就属于教育部的管辖，而张伯苓作为现任的考试院院长，按照政府规定，不应同时再在教育部的属下任职。

几天以后，朱家骅部长到张伯苓寓所跟张做了一次商谈，当时我也被邀在场。商谈中，朱家骅部长提出让我任南开大学校长。我心里想，只要张伯苓不提出辞呈，教育部是不可发布任何这样的新任命的。我已了解到张伯苓的真意，便另提了一个不同的建议：张伯苓在他的国民政府考试院院长任期内向南开大学请假缺勤，我则以经济研究所所长的身份代行张的校长职务。从法律手续上来说，我的这一建议可使教育部不发行政任命，这样就既不违背政府规定，同时也照顾到了张伯苓的意愿。张伯苓听了十分高兴，并明确地赞同了，朱家骅却只以沉默表示同意。[①]

何廉认为自己的主意太高明了。

张伯苓也觉得何廉太聪明了。

然而他们不知道，他们正一个一个地钻进朱家骅设定的圈套中。

回忆录里，何廉接着说，次日朱家骅请他吃中饭，朱问他，他的那个建议是否对南开最为有

① 何廉著：何廉回忆录。北京：中国文史出版社，2012年。

利，如果张伯苓仍任校长，他是否能没有牵制地管理南开。他十分忠实、诚恳地告诉朱说，由于张伯苓毕生献身于南开，如今年事已高，我们必须适当地考虑到张的情绪。在何廉看来，张伯苓是能够信自己的，并且会给自己以代行校长职务的完全自由。

朱家骅显然承认了何廉建议的明智和可行性。

何廉说，他们两人就在这样的一致商定下和谐地道别了。他马上去天津承担起双重任务——经济研究所所长以及张伯苓请假期间代行南开大学校长职务。

为了更真实起见，且看报上的一则报道。

《华北日报》中华民国三十七年（1948年）10月18日报道，题为《南开昨庆四十四周年，张伯苓勖发扬公能精神，何廉校长同日宣布就职》，正文为：

【本报天津电】十七日为南开学校成立四十四周年（南开大学二十九周年），张伯苓校长创办学校五十周年及

南开大学主楼

新任校长何廉就职日期，南开大学特于上午九时在校东院举行三重纪念典礼，仪式简单隆重，出席员生共达千余人，来宾到者有杜建时市长、李兆瑛司令、冯步洲局长及校友杨肖彭、邹性初等多人。由张伯苓亲自主持，并致词谓：五十年的时光，亲眼看见我训练的青年，一天天地成长。今日全国各地得见南开校友服

务，深觉五十年来从事教育确有收获。一人之生命有限，而教育乃恒续不断之事，就考试院长后，即电何廉氏代为主持南开校务，今得何氏代理，相信南大校务必可继续发展。最后张氏并勖学生用更大的努力，继续发扬南开公能精神。张氏于语意中，充满热诚希望。继即由何廉校长致词，何氏详述南开四十四年来发展经过，及渠本人办理大学教育意见。最后由教务长杨石先代表全体教职员致词。于十时五十分礼成散会。下午南大南东北各院教室、实验室、宿舍全部开放，并有庆祝排篮球赛各一场，排球为工商对南大，篮球为铁马对国体。下午四时，何张二氏在南院茶会招待各界；下午七时，在东院举行庆祝晚会，节目有合唱、舞蹈，最后一项是塑像剧，系该校剧艺社以灯光、朗诵、提琴、合唱等配合而成者。

同日另一张报纸——《大公报》上的报道，比这要周全得多，除了综述之外，尚有《何廉致词》《杨石先致词》各百余字。

不过，看《华北日报》上的报道，你会发现，标题上说“何廉校长同日宣布就职”，而文稿里张伯苓只说何是代理校务，连代校长都不是。显然，文稿里的表述，才是他们跟朱部长达成的共识，只不过朱部长“只以沉默表示同意”罢了。

想来这一天，从早上到晚上，张伯苓是喜欢的，何廉是喜欢的，就是杨石先，也是喜欢的，因为有了主持校务的人，他肩上的担子轻多了。

然而，到了第二天，第一个不淡定的怕就是张伯苓了，明明说好是以经济研究所所长的身份代理校长职能，怎么就成了就校长之职了？要是就校长之职，还用自己那么亲热地讲话吗？

第二个不淡定的该是何廉，说好代理校务，怎么就成了就校长之职？这不成了跟教育部联手欺哄老校长，骗了个校长头衔吗？

急急忙忙地，他去找张伯苓。

招待会以后，张伯苓回到他自己的办公室，并且清理了他的书桌以便我用。其后他回到南开中学，他仍然是南开中学的校长，并且待在那里。

第二天早晨，天津各个报纸以大字标题登出，张伯苓辞去南开大学校长职务，和我被任命继长南开的消息。这条新闻的根据是行政会议所作的决议："中华民国三十七年（1948年）10月13日行政院第二十次会议，会议决定接受张伯苓辞去南开大学校长职务的辞呈，任命何廉为南开大学代理校长。"

这条新闻使我大吃一惊，根据我的经验，我知道行政院这一决定是要由教育部先提议的。于是我立刻去南开中学访谒张伯苓，我问他，他是什么时候向教育部提出辞呈的。他情绪激动地回答说，他从来没有提出辞呈过！很明显这是教育部对张伯苓搞的一次突然袭击，将他从南开大学校长职位上拉下来。张伯苓感到感情上受到深深的伤害，所以不久即离津到南京。我对教育部这一无法推诿的事件也感到愤懑，并且以私人身份写了一封信给朱家骅表示抗议。但此信如石沉大海，始终没有回音。[①]

局势比人们预料的还要快，进入11月不久，解放军已兵临天津城下。何廉给全校筹措下过冬的煤炭后，便匆匆离

① 何廉著：何廉回忆录。北京：中国文史出版社，2012年。

津南下。一时间，南开大学又陷入群龙无首的状态。虽说被骗强行“辞去”校长职务，但张伯苓仍然将南开大学的事当作自己的家事一样关心，即使远在南京，仍关心校务。《杨石先先生生平记事》1948 年条下说：

> 12 月中旬，张伯苓从重庆致电南开大学教授会议，请杨石先、黄钰生、鲍觉民代执校长职务，并请教授会协助维持学校。①

此可侧面印证我们的传主无论在何种情势下，都坚守着自己的职业，自己的操守。

不过，该辨析的地方，还是要辨析一下。

在上面的叙事中，三人有前后之分，似乎张伯苓在致电中已排了主次。是不是因为说杨石先记事，便将杨石先放在前面呢？有这种可能。1948 年 12 月中旬张伯苓的来电我们查不到，但公开的信息还是能查到的。上海《申报》1949 年 2 月 6 日载有一条消息，题为《天津南开大学校务：张伯苓电黄子坚等维持》。文曰：

> 【中央社天津五日电】南开大学校何廉辞职南行

---

① 南开大学办公室编：杨石先纪念文集。天津：南开大学出版社，2016 年。

后，张伯苓院长已电请在津之该校秘书长黄子坚、教务长杨石先及政经学院院长鲍觉民三人，负责维持校务。

果然，杨石先排名在黄钰生（子坚）之后。

1947 年 12 月，杨石先在菲律宾马尼拉大学与同船归国者合影

06

面对“院系调整”

何为“院系调整”？

普通定义是：

1952 年 6 月到 9 月，中华人民共和国政府大规模调整了全国高等学校的院系设置，把中华民国时期效仿英式、美式构建的高校体系，改造成效仿苏联的高校体系。20 世纪后半叶中国高等教育系统的基本格局，正是由此发端。

杨石先受的是美式教育，起初南开大学、西南联大建立时，

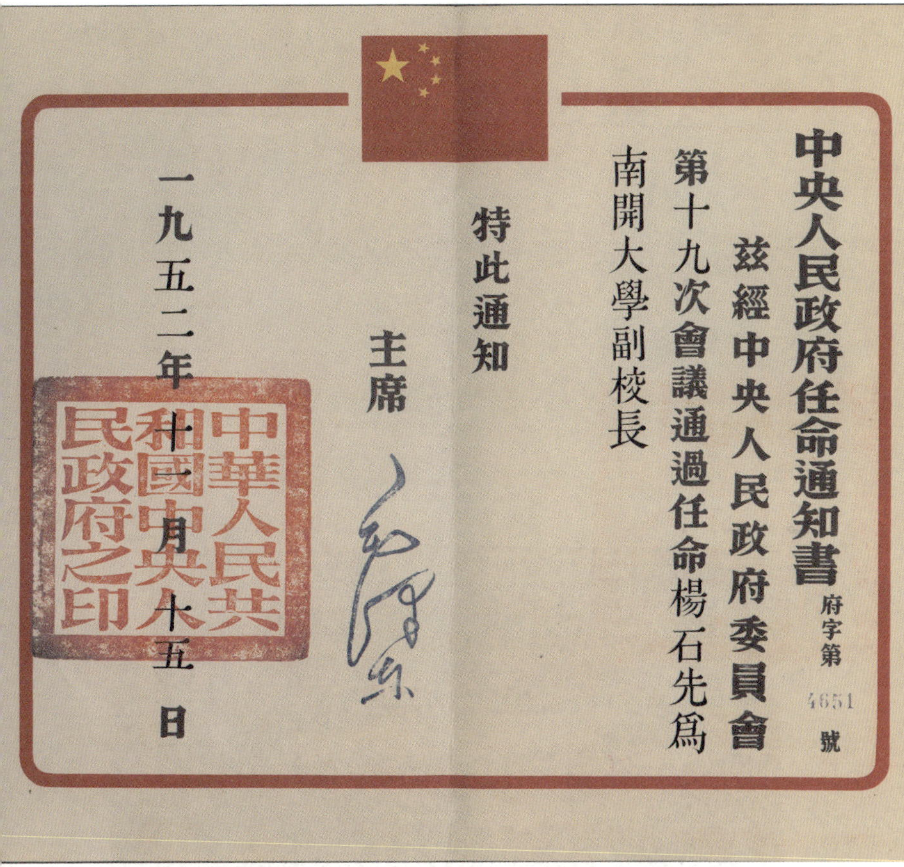

中央人民政府任命通知書

府字第4651號

兹經中央人民政府委員會第十九次會議通過任命楊石先爲南開大學副校長

特此通知

主席

一九五二年十一月十五日

中華人民共和國中央人民政府之印

1952 年，杨石先被任命为南开大学副校长

亦是效仿美英构建的教学体系。到了中华人民共和国成立后，自然有所变化。面对这次高校体系的变革，杨石先会如何呢？《杨石先生平记事》上有记载：

> 1952年5月3日：天津三大学院系调整委员会《院系调整简报》第1期上，刊载杨石先署名文章《群策群力搞好院系调整工作》。
>
> 7月11日：接教育部通知，决定成立“京津高等学校院系调整南开大学筹备委员会”，杨石先任主任委员。
>
> 9月12日：教育部通知，“兹呈准中央人民政府

1981年10月，南开大学举行杨石先、郑天挺执教业绩庆祝大会

主席同意杨石先为你校副校长，除函请中央人事部转呈政务院提请中央人民政府委员会批准任命外，希即转知本人先行到职。”9月19日本校通知各院。12月4日教育部函知本校，中央人民政府委员会第19次会议批准任命杨石先为副校长。

11月29日：南开大学举行盛大集会，热烈庆祝院系调整工作胜利结束，在会上做题为“新南开大学的成立和它的任务”的报告。[1]

综上所述，杨是南开大学院系调整工作的最高负责人，调整之后，他正式就任了南开大学的副校长。

院系调整，实际包括三项内容：一是校际调整，将由多种学院的综合大学拆分为几个学院；二是学科的调整，比如某综合大学有地理系，要裁撤，便将之成建制地搬到某地质学院去；三是人事的调整。

郑天挺便是在这次院系调整中被分派到天津的南开大学，当历史系教授并兼系主任。

对这样一位老友，杨石先是如何对待的呢？

按我们常人的理解，老朋友老同事来了，安排个住处，隔三差五到住处看望一下，或请到家里小酌一番也就行了。

---

① 南开大学办公室编：杨石先纪念文集。天津：南开大学出版社，2016年。

杨石先（左）与郑天挺在庆祝大会上

我们还是俗了。

杨石先是怎么做的呢？

他将老朋友安排在自己家里，单辟一室，供其住宿，吃饭就和自己的家人在一起。对外面说出的理由是一时没有合适的住处，只好如此便宜行事。实际呢，他知道郑天挺到南开，是有一肚子怨气的。两人在西南联大时，一个是总务长，一个是教务长，亲密合作愉快，如今老朋友来到自己的地盘上，只有如此安排，才能舒缓他心头的怨气。

郑天挺的怨怼之气有多大呢？这，在他的一篇名为《郑天挺自述》的文章里，有真情的吐露。

1952 年，全国高等院校进行院系调整，我奉调来南开大学，任历史系教授、中国史教研组主任、系主任。这一决定在我思想上颇有波动。第一，我五十多年基本在北京生活，热爱北京；第二，我中年丧偶，一直和子女一起生活，而他们也都在北京，到天津后我必然又跟在昆明一样，过孤单的生活；第三，我多年从事清史的研究和教学，北大及北京的其他单位的清史资料浩如烟海，绝非其他地方所及。但是经过郑重考虑后，我决定不考虑个人生活及其他方面的变化，愉快地只身来津任教。[①]

郑天挺在杨石先家里住了多久呢？还是听听一个当时人的回忆吧。

南开大学教师宿舍，20 世纪 50 年代就很紧张。1952 年，著名历史学家郑天挺先生从北京大学调到南开，没有住处，杨老就从自己一套房子中腾出一间给郑老，郑老一住就是六七年，两位享有盛誉的学者就是这样相处于东村 43 号。杨老有一颗广阔善良的心，

① 冯尔康，郑克晟编：郑天挺学记。北京：生活·读书·新知三联书店，1991 年。

他对待自己西南联大时的老朋友的尊重、理解和热忱的爱心，是知识分子的楷模。[1]

魏先生的文章里，说到杨老当时住的是东村 43 号。在《杨石先图传》里有一图，名为《杨石先旧居——南开大学东村 43 号》。画面上能看出，一排平房，43 号只是这一排平房西边的一段，是尽头。再西边，隔一条甬道，还有相同格局的平房。

魏先生文中，关于东村宿舍的文字，引起了我的兴趣。

杨老的住宅是东村 43 号平房。这样的平房东村有三排，是 1930 年建造的，建筑优雅别致，门前有花坛，房后有庭院。日本轰炸南开后，东村与西村住宅区，与思源堂、芝琴楼成了仅存的"硕果"了。杨老每天早晨穿得整整洁洁，夹着公

① 魏宏运：风范永存。引自《杨石先纪念文集》，天津：南开大学出版社，2016 年。

南开大学主楼

文包，踏着稳健的步伐，到行政楼去上班，看上去就是一位有修养的学者，透着 gentleman（绅士）的风度。1957 年我也迁入东村，住 46 号，因为是同一排，和杨老是近邻了，见面的机会自然无法以数计了，我更感到杨老的举止是很有规矩的。[①]

① 魏宏运：风范永存。引自《杨石先纪念文集》，天津：南开大学出版社，2016 年。

这一段叙事之所以珍贵，在于它印证了几个史实，一是杨的住处，杨石先一直到去世，就住在南开大学教授的宿舍，并没有住进“校长小院”或“校长别墅”；二是这个宿舍集群，是 1930 年建起的，杨石先第二次留美归来是 1931 年 9 月，就是这次返回南开，将家眷携来，以他的资历一来就可以住教授宿舍。我想以张伯苓的聪明与豁达，断不会将教授的宿舍分为三间和四间，那么极有可能，杨石先带上家眷来南开，一直就住在这样一套房子里。

教授的宿舍，依据何廉的回忆，是四间一套，那时是 1926 年，四年后建东村和西村宿舍集群（他们称之为村），也该是四间一套。

我数了数 43 号院子正面的窗户，长长的四条，这样长的窗户，俗称西式窗户。魏先生的文章说，“建筑优雅别致”，想来里面不会平分为四个等分的空间，该是有书房，有卧室，有客厅，该有的设施一应俱全。杨家有三个孩子，这时大女儿已赴美留学，留在家里的是两个男孩子，若宅内有三间卧室，是完全能腾出一间让郑天挺常住的。

1966 年春节，杨石先全家合影

07

他的治校理念

1949年1月，天津甫一解放，天津市军事管制委员会文教部，就行文南开大学，成立校务委员会，任命杨石先为校务委员会主席。1952年教育部通知南开大学，已呈准中央人民政府同意，杨石先为南开大学副校长。

杨是副校长，有没有校长，有校长的话又是谁呢？遍查资料，不得而知。后来才知道，这一时期，南开没有设校长，杨石先这个副校长，实为校政的主要

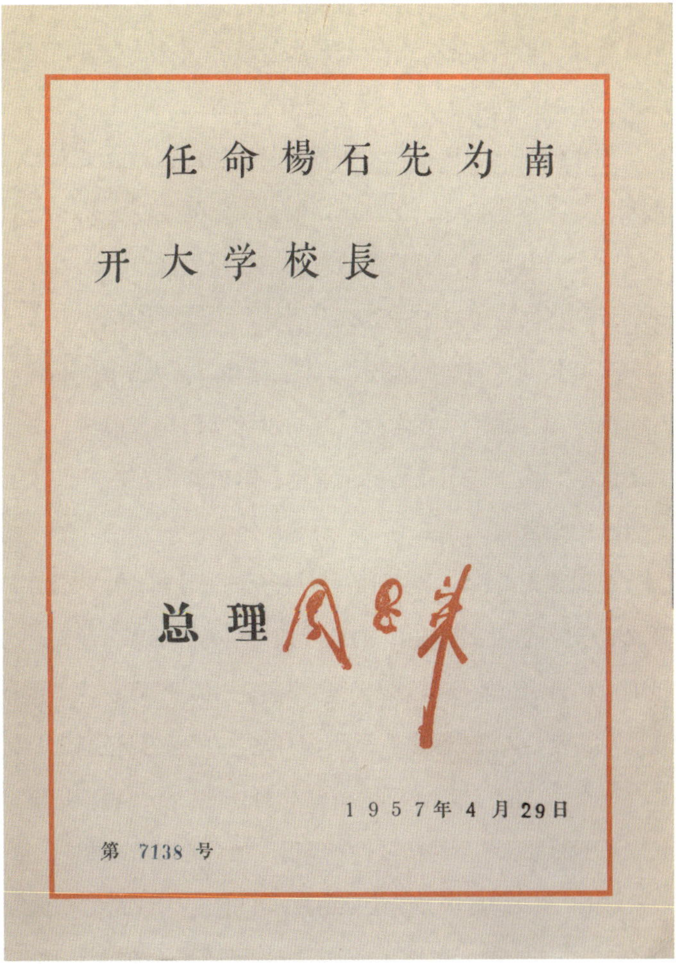

任命楊石先为南开大学校長

总理

1957年4月29日

第7138号

1957 年，杨石先被任命为南开大学校长

责任人。

又过了几年，到了1957年，杨石先被正式任命为校长。

自此，杨石先多年任校长，主管校务，这也就有必要探讨一下他的治校理念了。

如果他是北大校长、清华校长，这样的探讨意义不大，北大也好，清华也好，建立伊始便是大学的规制，几十年的名校，自有其传承，萧规曹随，往细致里做就是了。当南开的校长则不同，得扭。

只有长期在南开大学任教，才会深知南开大学的“短板”。

南开原本是个私立学校。起初没大学，光有中学，现在有了大学，大学毕了业是要就业的，这就必须在培养人才上有自己的招数。

张伯苓为南开定的校训是“允公允能，日新月异”。对南开素有研究的胡海龙先生，对此校训有精确的解释。他说，这校训通称为“公能校训”，允是“既”“又”的意思，“允公允能”，就是“又公又能”。大体言之，“公”指道德修养和社会担当，“能”指个人能力，也指群体能力。“日新月异”代表了不断进取创新的精神，强调促成社会的实际进步。[①]

说白了，就是培养学生实际工作的能力。说是“职业”

---

① 胡海龙：试论南开“公能校训”的八大特色。引自《口述津沽——南开学子语境下的公能精神》，天津：天津古籍出版社，2020年。

高校，有点过了，但有针对性地培养实用型人才，则是没错。

1923年8月，南开大学正式迁入八里台新校址，设有矿科，其时正是开滦煤矿红火的时期。1921年办了化学系，过了两三年又办起化学工程系，皆是因为天津的大企业家范旭东办起久大、永利等制盐制碱企业，用人孔急，南开也就着意培养。到了抗战开始后三校合为联大时，化工系竟成了南开独有的一个系，无法归属，只好放在联大工学院里。

抗战开始后，南开之所以能跟北大、清华合为联大，是多种因素促成的，非是南开已有了与北大、清华同等的规模、同等的地位。前面说过，抗战初期，清华拟拿出50万美金，资助三校的学术研究，定下的分配比例是5∶4∶1。各校的规模与实力在那儿放着，总是有什么硬指标卡着，南开只能分得那么一点儿钱。有人会说，南开改为国立，这些“歧视”就不存在了。1947年，南开已改为国立，何廉任校长，竟发现这年教育部给各国立大学的补助经费里，有北大，有清华，有浙大，六七个国立大学全都有份，独独没有南开的。他去找了教育部，部长也只是劝他忍了不必作声。意思该是，这次忍了，下次还有可能，若这次不忍，怕连下次也没有了。

这些，以杨石先的精明，不会看不出来。

看出来他也不会嫉恨，不会气馁，只会激发他下定决心，一定要让南开脱胎换骨，办成国内一流大学。

1952 年，院系调整，打破美式高校格局，仿照苏联模式，重建中国高等教育规范。简单点说，就是少务虚，多求实，让大学教育的重心，转到更直接地为国家建设服务上来。最典型的案例，就是将一些著名大学的院系拆分开来，建了许许多多的专业学院。

作为南开大学院系调整的实际操盘者，杨石先自有思量。

要教学，也要研究，一定要把南开办成一个教学与研究都走在前列的大学。在庆贺院系调整成功的大会上，他就用时兴的言辞，表达了他心中的隐曲。

> 除了为国家培养高级干部外，综合性的大学与其他的大学不同，尚负有另外一个同等重要，或者从国家长远的需要看来，更为重要的任务，那就是发扬学术与提高文化，使人类能更好地掌握事物的发展规律，更有效地征服自然改造环境，更丰富更美满人的生活内容。所以我们每一个教师以至每一个将要毕业的同学，都要在研究、著述和创造上努力。[①]

1957年，杨石先（前排左一）、陈天池（前排左三）与苏联专家在南开大学合影

① 南开大学校史研究室编：杨石先文选。天津：南开大学出版社，2017年。

在这一段里，他甚至提出，“估计用两三年的时间，大体上可以将课改工作完成一个初步段落，然后将重点移向研究与创作，在第四、五年大规模地朝那一方面展开，成立各系的研究部”。

四五年后，就要成立各系的研究部，他的心情实在是太迫切了。

系里成立研究部，还要看各系的具体情形。但学校的整体规划，是说到就能做到的。

1954 年 11 月，南开大学科学研究委员会成立。11 月 20 日的成立大会上，杨石先讲了话。讲话稿没有存留下来，好在当时学校报刊和天津市报纸上有报道。《杨石先文选》的编者，综合各处的报道，汇编为一篇《切实推进科学研究工作的开展——在南开大学科学研究委员会第一次会议上的讲话》。讲话一开始，就明确声明成立这一机构的作用。

> 科学研究委员会的成立是为了协助校长从政策、方针上领导科学研究工作。科学研究委员会是一个审议机构，它的任务将是：一、讨论全校科学研究的方针，通过全校科学研究总计划及学年工作总结；二、对有关执行科学研究计划中之重大问题提出意见；三、讨论决定学报编辑委员会之编辑方针与编辑计划；四、最后审查、通过全校性科学讨论会及学术报告会的科学报告；五、对其他有关科学研究工作之重大事项提出意见。科学研究委员会在目前阶段可能还要担负一些在性质上比较具体的工作，如学术刊物的筹备和编辑工作等等。[①]

细细咂摸这段文字，你会发现杨石先是个“颇具心思”的人。其时的大学体制包括三个部分：一是党务，二是教学，三是行政。党委书记抓党务，校长抓行政与教学。实际上，党务与行政很难明确划分，甚至某些时期，教学与党务都很难明确划分。这样一来，在工作上，难免产生矛盾，造成纠纷。再就是，一般的大学也会强调科学研究，说是教学、科研都

① 南开大学校史研究室编：杨石先文选。天津：南开大学出版社，2017年。

要抓，但做起来往往科研附属于教学。杨石先这一手，妙就妙在，它在教学、行政之外，又建起一个系统。这个系统与党务无涉，与行政无涉，甚至与教学无涉，不，教学的某些部分，还置于它的统筹之下。比如，各学系各教研组提供的科学研究项目，都要通过这个委员会审核与推动。

具体执行起来，我想，行政工作和教学工作，有各自的副校长分管，他这个校长，主要就是抓这个委员会的工作，以科研推动教学，以科研促进行政工作。

果然，前一年（1954 年）11 月，刚成立了科学研究委员会，1955 年 5 月 29 日至 6 月 1 日，就召开了南开大学首届科学讨论会。杨石先亲自在开幕式上致辞。

各系办什么研究所，要全面铺开，须假以时日，当务之急是，要先办起元素有机化学研究所。

1956 年 12 月，杨石先陪同全国人大代表和全国政协委员视察南开大学

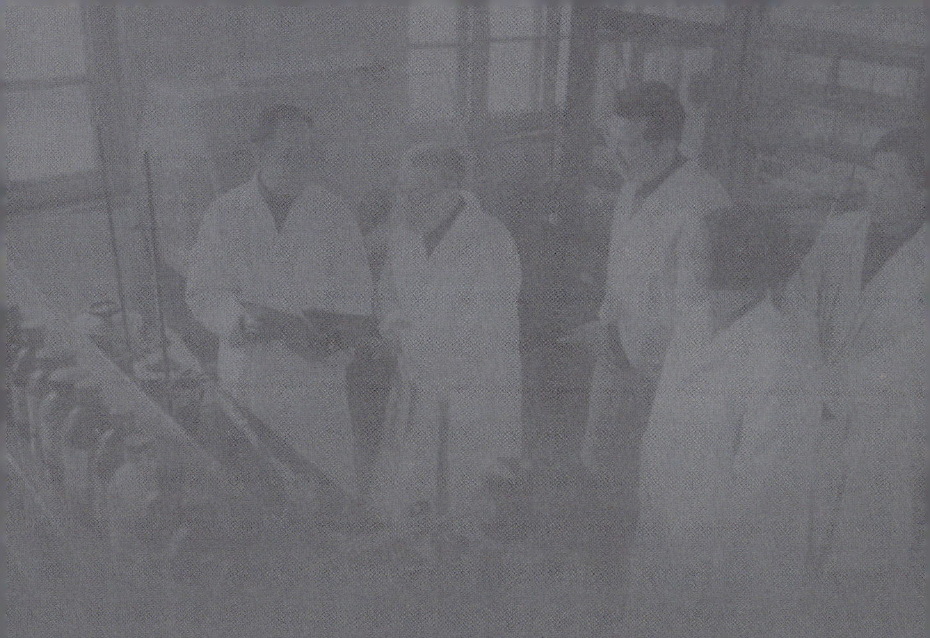

08 开办元素所

元素所，全称为元素有机化学研究所。

20世纪50年代，北京有中科院，各省要办中科院的分院。1958年2月，天津划归河北省，于是任命杨石先当了中科院河北分院的院长，分院下面也要有所呀，最先成立的，便是这个元素有机化学研究所。

杨石先是南开的校长，又是中科院河北分院的院长，要钱有钱，要地方有地方，于是在南开校园里建了一座两层楼，作为元素所的办公室，后来又建了两座平房，作为生物测定室和中试车间。有了这些建筑，等编制下来，经费到位，元素所就正式开张了。

研究人员是现成的。

石先老师把他的卓识和想法，传达给他的学生。20世纪40年代初，先师在美国见到了毕业于西南联大、留美学习的陈天池、王积涛。当时他们就遵循先师的

杨石先在元素所办公室

教导，从事农药的研究。陈天池原本在美国路易斯安那大学，毕业后到一个公司搞杀虫剂短期研究；王积涛因得先师介绍，毕业后到立莱药厂短期工作，因为石先老师的同学陈克恢教授在这里研究药物化学，并研制出了麻黄素。对于我们这些先后到美国留学的学生，他还总是嘱咐要注意搜集农药方面的书籍、资料，尤其是新出版的书刊。[1]

① 何炳林，陈茹玉：对先师杨石先的怀念。引自《杨石先纪念文集》，天津：南开大学出版社，2016年。

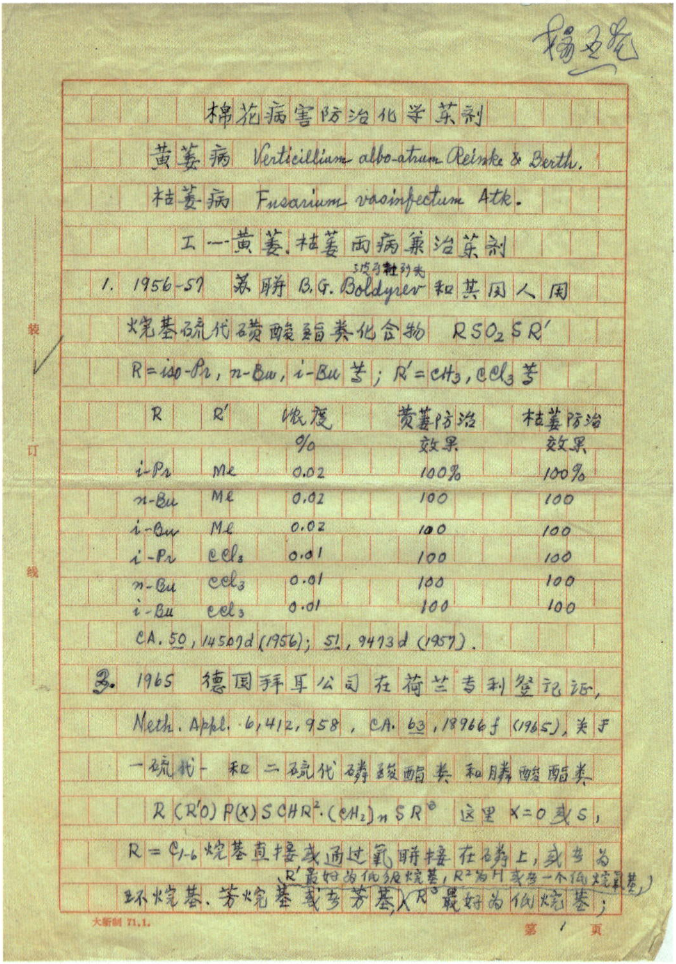

杨石先

棉花病害防治化学药剂

黄萎病 Verticillium albo-atrum Reinke & Berth.

枯萎病 Fusarium vasinfectum Atk.

I—黄萎、枯萎两病兼治药剂

1. 1956-57 苏联 B.G. Boldyrev 和其同人用烷基硫代磺酸酯类化合物 RSO_2SR'

R = iso-Pr, n-Bu, i-Bu 等；R' = CH_3, CCl_3 等

R	R'	浓度 %	黄萎防治效果	枯萎防治效果
i-Pr	Me	0.02	100%	100%
n-Bu	Me	0.02	100	100
i-Bu	Me	0.02	100	100
i-Pr	CCl_3	0.01	100	100
n-Bu	CCl_3	0.01	100	100
i-Bu	CCl_3	0.01	100	100

CA. 50, 14507d (1956); 51, 9473d (1957).

2. 1965 德国拜耳公司在荷兰专利登记证，Neth. Appl. 6,412,958, CA. 63, 18966f (1965)，关于一硫代-和二硫代磷酸酯类和膦酸酯类

$R(R'O)P(X)SCHR^2\cdot(CH_2)_nSR^3$ 这里 X=O 或 S，

R = C_{1-6} 烷基直接或通过氧联接在磷上，或者为环烷基、芳烷基或者芳基，（R' 最好为低级烷基，R^2 为 H 或者一个低烷氧基，）R^3 最好为低烷基；

大新制 71.1.　　第 1 页

杨石先手迹

他俩的文章，重在怀念颂扬杨石先先生，对自己的事也就没有多说。两人都是杨石先的学生，以接触而论，何炳林跟杨更亲近些。他是广东番禺人，1938 年考入西南联大化学系，1942 年毕业后留校任助教，有个时期还是化学系的秘书，等于是杨的助手。

杨石先是所长没说的。创办时任此职，直到 1982 年主动退休，都是。

副所长，先选的是陈天池教授，后来又添了陈茹玉教授。

元素所研制的防治水稻白叶枯病项目，是在杭州召开的全国农药会议上领受的。同时接受下来的项目有 24 个，攻克白叶枯病是最当紧的一个。杨石先高兴极了，因为他早就考虑过这个课题。

白叶枯病的危害有多严重呢，不看这些数字是无法相信的。

据联合国粮农组织统计，世界水稻种植面积有 92.3% 在亚洲，产量占世界稻谷总产量的 92.6%。而中国水稻种植和产量均占世界第一位。水稻有各种病害，最严重的是稻瘟病、纹枯病和白叶枯病。前两种病已有药物可以防治，唯独白叶枯病无药可治。白叶枯病成了水稻的“癌症”。近几十年来，白叶枯病在亚洲种水稻的国家广泛流行，在我国水稻产区也屡有发生。

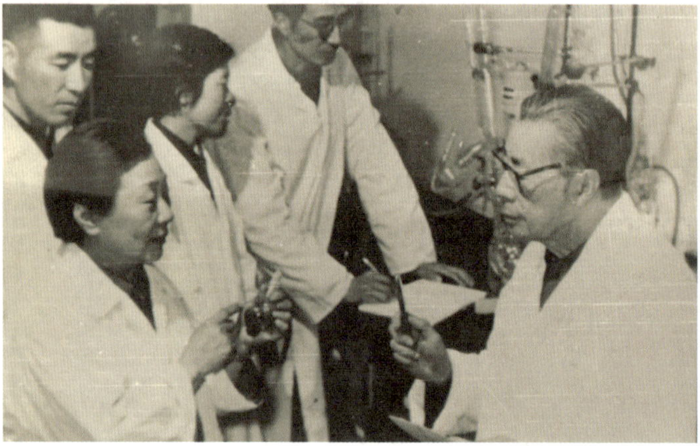

1974年，杨石先（右一）在元素所实验室

特别是遇到大雨和暴风，传染起来非常可怕，一夜之间，可使成千上万公顷的稻子变得枯黄。因这个“癌症”，我国水稻每年减产大约10%左右，个别地区减产高达四五成，这是一种毁灭性的水稻病害。尤其令人痛心的是，我国科技人员研究成功的高产水稻新品种，产量极高，在两湖可种两茬，两广可种三茬，而这种杂交品种最大缺点是容易发生白叶枯病。20世纪50年代无药，60年代还是无药，70年代有药了，但不属于我们。20世纪70年代初，一位资本主义国家的科学家，制成一种防治水稻白叶枯病的农药，作为这个国家的专利，对我国严密封锁，虽同意卖给我们，但售价十分昂贵。为了给水稻治病，国家每年不得不花大量外汇进口几

百吨这种农药。有的农民心疼地说：这种洋药，真比吃白糖还要贵！对于从事农药研究几十年的老科学家，石先老师无论如何是难以忍受的，就是我们这些年轻一代的助手们，也实在不能憋着这一口气。我们依于老师左右，决心攻坚，研制根治水稻“癌症”的农药。[1]

作为一名女性科学家，陈茹玉对研制攻克水稻“癌症”的农药，充满着信心。较之事业的成功，她更为欣赏的是，导师杨石先的博学多识与雄才大略。下面这一段文字似与科研成果

1979 年，杨石先在实验室

① 何炳林，陈茹玉：对先师杨石先的怀念。引自《杨石先纪念文集》，天津：南开大学出版社，2016 年。

1980 年，在元素所工作的杨石先

无关，但更能见出化学大师杨石先学术品质的另一方面。

杨石先老师目光远大，案头总有国外报刊。随时收集、关注着世界农药发展状况的老师，向我们详细介绍了当前世界农药发展的情况，并且把他摘录的十万多张卡片中有关化学农药的部分，一沓一沓整理出来，交给杀菌剂组，让同志们翻阅参考。他从《美国化学文摘》中，发现日本研制防治白叶枯病农药已初见成效，非常注意这一信息。他说，堡垒已经发现了，如何把它攻破，进而占领下来，我们有用武之地了。[①]

① 何炳林，陈茹玉：对先师杨石先的怀念。引自《杨石先纪念文集》，天津：南开大学出版社，2016 年。

后来的事实是，在杨石先的具体指导下，元素所借鉴外国的经验，开始搞自己的新农药研制工程。元素所调集了最强的人力，充实杀菌剂组。大家伙儿同心协力，经过一年多的苦斗，做了差不多一百个合成物，试验了一个又一个的方案，“皇天不负有心人”，新的农药终于研制成功了。可以一举全歼水稻的白叶枯病，因此被命名为“枯叶净”。经国家有关部门鉴定，批准投产，推广使用。元素所研制成功的“枯叶净”，每吨的生产成本不到“舶来品”的一半，而能使高产水稻每年至少增产一两成。

下面这段文字，就更富有抒情意味了。

> 已经白霜染鬓、步履蹒跚的老师，不胜雀跃，像年轻了很多。一般来说就是在科学发达、设备精良的国外某些机构，研制一种较高水平的农药，大约都要花十年左右的时间，而先生率领南开大学元素所的科研人员，只用了两年半的时间，就征服了水稻“癌症”，填补了我国农药的又一个空白。[1]

---

① 何炳林，陈茹玉：对先师杨石先的怀念。引自《杨石先纪念文集》，天津：南开大学出版社，2016 年。

09 心心念念在人才

还得往后退一步。

以时间段来写人物的传记，就这一样不好。你不能把这一时间段里的事全说了，也不能说全了。有的事有后延好办，下一节里补上，有前伸呢，得当下补，一笔两笔还好说，多了就会倚轻倚重，再多就乱了套了。

我曾想过，以后的人物传记，该有一种新的写法，可叫“条贯法”。就是将传主的人生状况，生平功业，一宗一宗从前往后写，比如“身体状况”一章，可从出生写到死亡；“性格”一章，从小时候的性格一路下来，写到老来的性格，学问、功业、交游、婚姻、子嗣，莫不如此。这样，人看起来也方便些，想看哪一条，单看哪一条就行了。

扯远了，拉回来。

这往后退的一步，是退到哪儿呢？

这一节的题目叫“心心念念在人才”，就是要写老先生对人才的擢拔与爱惜。前面涉及这一范畴的，是带研究生。究其实，该是教学上的功业，跟擢拔人才还是有所不同。在这个话题上要退，就得退到他有擢拔人才的本事的时候。

从 1973 年 1 月到 1978 年 12 月，整整六年，杨石先担任南开革委会副主任。那么现在再提出一个小小的问题，意思不大，也还值得玩味，就是在身任副职这六年里，同事们是怎样称呼这位老校长的呢？

厚厚的一本《杨石先纪念文集》，收文数十篇，作者数十人，且多为同事，翻来找去，写到当年事的不少，竟无一人称此老为“杨主任”，更无一人称之为“杨副主任”，仍还是“杨校长”“杨老师”“杨老”之类的尊称与通称。

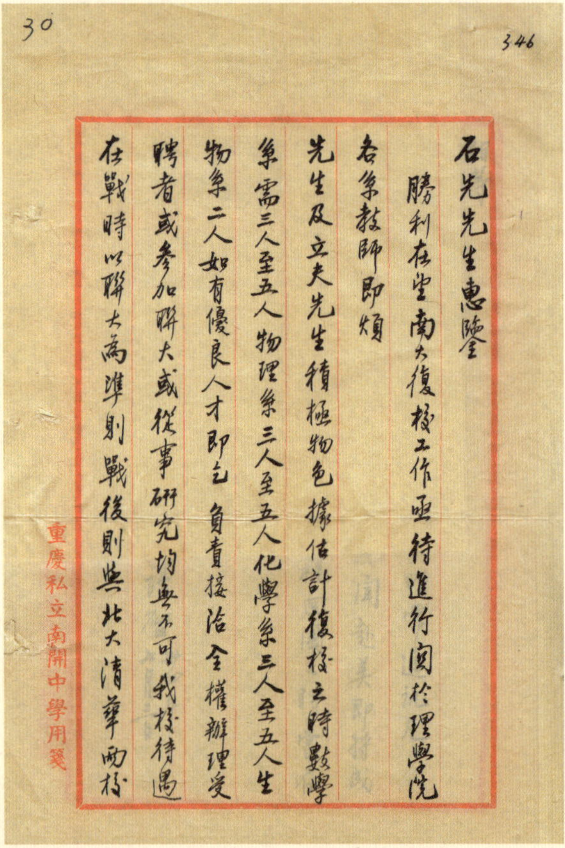
30
346
石先先生惠鑒
勝利在望南大復校工作亟待進行關於理學院
各系教師即煩
先生及立夫先生積極物色據估計復校之時數學
系需三人至五人物理系三人至五人化學系三人至五人生
物系二人如有優良人才即乞負責接洽全權辦理受
聘者或參加聯大或從事研究均無不可我校待遇
在戰時以聯大為準則戰後則與北大清華兩校
重慶私立南開中學用箋

1945 年，张伯苓校长给杨石先写信，请杨石先及姜立夫在美访问期间为南开物色人才

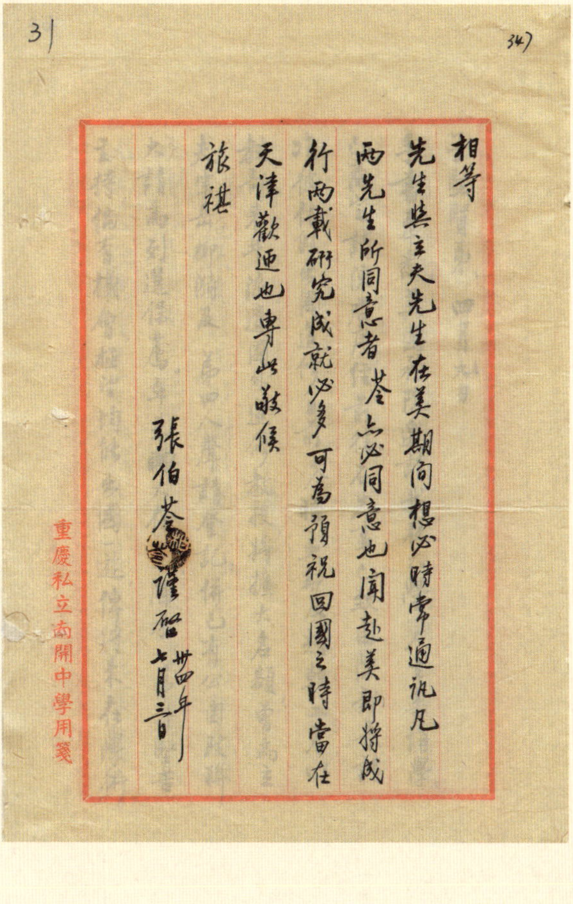
31

347

相等

先生與立夫先生在美期間想必時常通訊凡

兩先生所同意者苓亦必同意也聞赴美即將成

行兩載研究成就必多可為預祝回國之時當在

天津歡迎也專此敬候

旅祺

張伯苓謹啟 卅四年七月三日

重慶私立南開中學用箋

可以这么说，随着政治形势的变化，谁都知道，这个老人的“春天”快到了，又要抽出新枝条了。官复原职，是早晚的事。

这时杨石先就有了整顿学校的魄力，也就有了擢拔人才的能力了。

仅举一例，就可知杨副主任，已以校长的身份视事了。

> “四人帮”垮台后，全国恢复了高考，天津医学院朱宪彝院长提出希望南开继续招收医预班。吴大任副校长积极支持，并让教务处具体落实各项工作。一天，杨校长找我谈医预班事。他说：“朱院长在市里开会时谈到现代医学教育问题。他讲，国外医学发展很快，要求学医的大学生必须有坚固的基础。现代医学的重要基础一是生物学，二是化学，三是心理学。朱的话很有道理。现在我国只有两所大学设有医预，咱们必须办好。教务处请化学系一定要重视此事，保证各门化学课、化学实验的教学质量；生物学方面不应当成问题，但要向生物系讲清楚，心理学是否有人开。如有困难，早与医学院共同商量解决。”杨校长他处处都是从中国的发展高度去考虑问题，尊重专家意见并组织实施。[1]

① 王大璲：一代名师，丰绩永存。引自《杨石先纪念文集》，天津：南开大学出版社，2016 年。

有了这样的身份认同，就能做自己想做的事了。

起初的动念，或许是出于一次偶然的见面。

这就要说到我国化学界的一位大师级的人物，申泮文院士了。

申泮文，1916 年出生于吉林省吉林市，祖籍广东从化。1935 年从南开中学高中毕业，1936 年考入南开大学化工系。1937 年加入南京中央军官学校教导总队，开赴上海参加淞沪会战。1938 年参加长沙临时大学“湘黔滇旅行团”，步行到昆明，转入西南联大化学系学习，1940 年毕业。1946 年回南开大学任教，与北大、清华同事数人，负责押送三校物资返回京津，回南开后任化学系教员，至 1953 年已破格晋升为副教授，时年才 37 岁。

我所以对此公做如此详细的介绍，一则是他确实是个有大作为、大成就的人，且高寿，活了 101 岁，2017 年方谢世。再一个原因是，他与我的母校山西大学有着极为深厚的关系，虽说不甚愉快，在我书里，也该重重记上一笔，不全是为了申先生，也是为了山西大学。

申先生到山西大学教书，可谓一项义举。

据他自己说，1953 年，他不光成了副教授，还兼任了化学系无机化学教研室的主任，开展了科学研究工作。1959

年，南开大学接受援建山西大学的任务，化学系需派出一位教授去山西大学工作。系里指定无机化学教研室的王继彰副教授去支援山西。这时，继彰同志正患心脏病和糖尿病，身体极度虚弱。申泮文便向党委提出，由他代替王继彰去支援山西，获得批准，于是 1959 年 5 月，他就调赴山西去工作了。

同时调去的，还有另外三个系的中年教师，算是支援山西大学四个系的创建或加强。不光教师要支援，校级领导也要支援，南开大学派去时任副教务长的陈舜礼教授，去山西大学当教务长。此人系浙江奉化人，1939 年清华毕业，赴英留学，1949 年牛津大学毕业回国，在南开大学任教授，后升为副教务长，应当说南开对山西大学的支援可谓倾情奉献，不遗余力了。

申泮文到山西大学，夫人曾爱冬女士未去，夫妇俩的打算是等申泮文支援山西大学，过个三年五载，化学系见了眉目就回来了，仍是南开大学的教授，他们一家仍在天津生活。料不到的是，申泮文去山西后不久，山西大学未征得曾爱冬同意，就将她的户口迁到太原。女儿申红也只好随母亲来了。

这些都没什么，申泮文是个有大志向的人，以为到了山西创建一个化学系，定可硕果累累，一展宏图。用当年的时兴话说，一张白纸，可以画最新最美的图画。

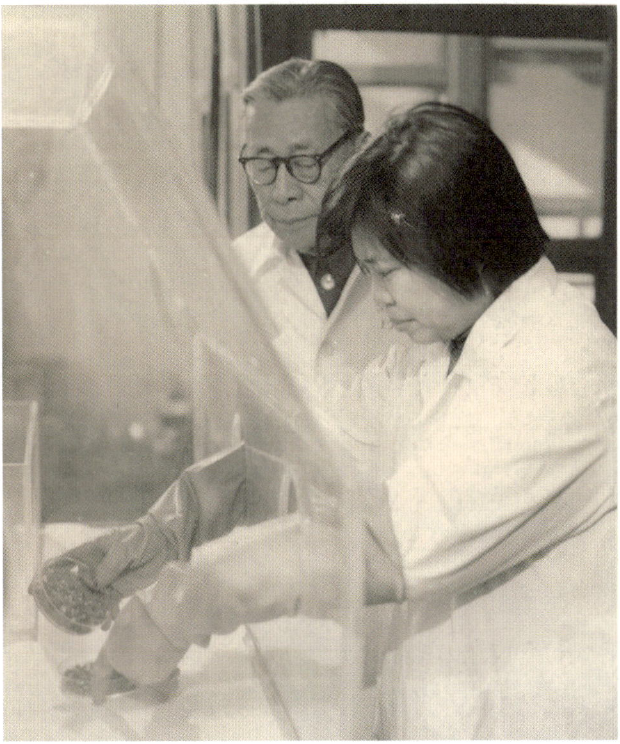

杨石先观察助手的实验操作

行前他向杨石先辞别。石先师向他提出了许多中肯的建议，例如杨石先曾指出，新办一所学校不容易，缺乏师资，可到社会上去找，可以请科研单位高级研究人员和厂矿技术人员到学校兼课，他们有实际工作经验，能够理论联系实际，有其长处，等等。后来他在山西确实遵照石先师的意见去办了，收到了很好的效果。

“新办一所学校”云云，杨石先这话也对也不对。不对处是，山西大学是一所很有资历的老大学，创办于1902年，仅次于北京大学和北洋大学，不能说是创办一所新大学。对的地方是老山西大学在1952年院系调整中被肢解拆分了。有的系和专业，并到了北京某些高校，留在山西太原的，只有太原工学院、山西医学院、山西财经学院和山西师范学院。一个省份长期没有大学，省上领导觉得说不过去，1958年，向中央提出恢复山西大学，中央同意了，指定南开大学支援山西，重建山西大学。从这个意义上说，“新办一所学校”又是对的。

重建山西大学，自然是要建成文理科兼具的综合大学，山西师范学院作为重建的基础，先改称山西大学。坞城路，是山西师范学院在太原的位置，想来也是要将太原城南的这一带，建成大学区或是文化区，坞城路以西约十里的地方，被划出一大片土地，打桩兴建大楼，据说要建一个莫斯科大学式的新大学。可惜水泥桩子刚露出地面，便遇上三年自然灾害，许多建设项目纷纷下马，耗资巨大的新山西大学校园也就胎死旷野。1965年，我上山西大学时，山西大学就是改名而来的山西师范学院。某次外出往西走了很长一截路，但见旷野里，高高矮矮，一片水泥桩子，有老于世事者指点说，此乃当年要建的新山西大学遗址也。

说了这么多，意思只想说，申泮文来到山西并未创办什么山西大学的化学系，只是加强了山西师范学院化学系的师资队伍。我这么说的一个前提是，山西师范学院的教学任务是为全省培养中学师资，各中学都有理化课，山西师院有物理系，不会没有化学系。

既来之则安之，以申泮文的勃勃雄心，觉得在这样一个山西大学，还是能干出一番事业的，南开化学系里，光留学回来的就好几个，要在强手如林的南开化学系熬出头，尚需假以时日，在这里以自己西南联大、南开大学的双重学历，打开局面，出人头地，不过是三拳两脚的事。

应当说申先生对山西大学学术的估量是对的，但他错估了人性。

我不说了，听申先生自己说吧。

在山西大学工作没几年，我在白纸上画美丽图画的梦想很快破灭。两次被拘入牛棚，饱受艰辛。由于我的反抗性，曾经两次逃跑，被捕捉回来，遭受加强批斗和体罚。1972 年虽然恢复招生又走上讲台，但到 1974 年又被拉下来再度受批判之灾。直到粉碎“四人帮”后情况也未见好转。我的研究室被拆散，一切学术活动和社会活动受到限制，等等，不一而足。我想，如果我为这一段灾难史写回忆录，我一定要以“一个知识分子的苦辣酸甜”为题。①

申先生这几句话里，最让人痛心的是，直到粉碎“四人帮”后，他的情况也未见好转，研究室被拆散，一切学术活动和社会活动受到限制。须知，粉碎“四人帮”后，对知识分子来说，很快就是科学的春天，处处百花争妍。而恰在这样的时际，一个从大城市、名高校派来支援山西学术文化建设的知识分子，却仍遭到这样的对待。

什么都不说了，自 1916 年出生，截至 1976 年，申泮文已是整 60 岁的人了，如此对待一个年已花甲的老人，于心何忍又居心何在！

当此时际，有一位长者正在默默地关注着他的处境，不时通信。他知道这位长者一直在同情他，关注他，但长者远在天津，且已年迈，尚未官复原职，再同情再关注也是心有余而力不足，鞭再长也难及马腹。

应该感谢天津市政协。1977 年夏天，天津市政协组织委员们赴“农业学大寨”的发源地山西大寨参观。去了山西，

① 申泮文：缅怀恩师，自强不息。引自《杨石先纪念文集》，天津：南开大学出版社，2016 年。

1977 年 5 月，天津政协代表团赴山西参观，杨石先（右一）与何宗谦（左一）、吴大任（左二）、黄钰生（右二）合影

不能光去大寨，省城也有革命遗迹，顺便参观当在情理之中。此事在《杨石先纪念文集》附录的《杨石先生平记事》和《杨石先文选》附录的《杨石先生平纪事》里都有记载。两处的记载有略微的不同，一前一后，开列如下。

《记事》里是：1977年5—6月，参加天津市政协委员赴山西大寨和太原参观活动。

《纪事》里是：1977年5月至6月，参加天津市政协委员赴山西大寨和太原参观团活动。

显然，前者表述也明白，后者多一个“团”字的表述要准确些。

组织老同志出游，行程宽松，行动也就自由些。

作为当年奉高教部之命，实施支援山西方略的组织者，杨石先知道到了太原，他还应当做件什么事。

还是看申泮文的记述吧。

> 我此生得到的一次最大折转，是1977年夏，天津市委统战部组织一部分天津文教医务界知名人士到山西参观大寨。石先师参加了这个访问团体，来到太原后，约定到山西大学来看望我们援建山西大学的一班人。石先师到我家座谈了片刻，了解我的处境。他看到我新出版的译著，又看到我走遍山西对山西风化煤腐植

酸资源进行普查所绘制的资源分布图，知道我在逆境中还是坚持做工作的，表示满意。我当即抓住时机向石先师提出请求给予帮助。石先师想了一想，说："你不要着急罢，告诉你爱人也不要着急，我回去想想办法看，事情总会好起来的。"虽然这是一句没有肯定意见的答复，却给我在"绝望"中带来了光明和希望。[1]

无需再按部就班地写下去了，都知道事情办成了，申泮文夫妇很快调回天津。而且有杨石先的举荐，申泮文在不久之后，还当选为中科院学部委员（院士）。

1978年7月中，山西大学一位青年教师来向我透露消息，经石先师提出申请，国务院一位领导同志批转教育部长，指名调我回南开大学工作。

几经周折，山西省终于批准我调回南开大学，我在1978年12月底回到天津。[2]

这里说的国务院一位领导同志，指的是国务院副总理谷牧同志。

---

① 申泮文：缅怀恩师，自强不息。引自《杨石先纪念文集》，天津：南开大学出版社，2016年。

② 同上。

这么高级别的领导同志都批了，让教育部来办，还会“几经周折”么？

会的，你不信我信。

怎样的周折，且往下看。

这是杨石先写给申泮文的一封信。落款是1978年10月22日，肯定是在山西大学一位青年教师向申透露消息的“七月中”之后。

泮文同志：

接到十月十五日和十九日的来信。当接第一封信时，我于次日即亲笔写了一函，致教育部政治部周遵谦同志，加紧登（督）促山西大学放你前来我校元素所报道。说明山大多年来认为“无机合成对他们来说不是必须”，始终未发挥你在科研和教学方面的作用，所以向上级提出调你来所工作。山大不应再用拖延的办法，使双方工作都遭受损失。并希望他等李琦副部长回国后，将此情况向他汇报，采取有效办法，迅速加以解决。想陶同志必已和山大联系，你亦应即时向学校提出办理离校的一切手续。顺颂刻祉。

又，我现在身体不好，而目前学校和元素所工作都未上轨道，再加上校外的工作太多，实在难于应付。从沪返津以来，不断参加各种会议，三五日后又须赴

南开大学图书馆

京参加两个会议，大约廿天左右。

这封信透露出来的信息是，你问我们为何不重用申泮文吗？因为他搞的是无机化学那一套，对山西或者说对化学系不是必须。那为什么又不放他走呢？信中未透露山西方面的理由，只能说反正不能让他痛痛快快地走。当然，不能排除还有更堂皇动听的理由，但申泮文已不再相信，而是执意要走。

杨石先在全国科学大会小组会上发言

看来最后的解决途径是，教育部李琦副部长出国回来，政治部的陶同志向李副部长汇报并呈上杨石先的信，由李副部长与山西大学沟通，学校发了话，化学系也就不好再为难申泮文，这样他一家才于 12 月底回到天津。

与此同时，调当年欠下一份情的优秀同学回南开也是老校长萦绕心头的一件要紧事。

陈天池的研究生叶挺镐同学，要毕业了曾求助于杨石先，希望能留在南开，面对这“徒孙”级的好学生，当时的杨只能说，“我很想留你，但我虽为校长，目前却办不成事”。现在，他能办成事了，那就调叶同学回南开吧。

不展开写了，转录叶挺镐先生的陈述即是。

1978 年 3 月，在邓小平同志的倡导下，在北京召开了著名的科学大会，科技界人士兴高采烈地迎接十年浩劫后科学的春天的来临！我从事的马拉硫磷研究项目也得到大会的奖状奖励。

大会后不久，我接到杨老一封振奋人心的来信。原来在会议期间，他向方毅副总理提出建议：为尽快地恢复、壮大元素所的科研力量，快出成果，快出人才，要求将包括我在内的以申泮文教授为首的九位同志调回元素所。方毅同志已签字同意。杨老要我做好准备。杨老还在信中谈了自己的设想，建议我回所后先工作一至二年，同时强化英语训练，然后让我们赴美进修一至两年，回所后把科研搞上去。[1]

杨石先如此对待叶挺镐这个学生，内中定有对他的爱徒陈天池的一份思念之情。陈天池不能关照的学生，他有了这个能力，不能不尽心关照。

叶挺镐没有调成，更见出杨石先人性中美好的一面。

叶挺镐在怀念文章里说，收到杨老的信，他反复读了好几遍，眼睛不禁潮湿。回想起 1968 年离开南开时杨老动情的话语，由不得感慨，他多有信用，多有预见啊。那次离校前，他向杨老和导师陈先生辞行，杨老特意叮嘱，不管到哪里，希望你都坚持学习，勿忘专业。杨老还说，希望你将来能返回学校。纵有这样温馨的话语，他当年还是凄然地离开了南开。

收到杨老的信不久，他所在的单位就接到了由方毅副总理签字批发的调函。天津市人事局和南开大学人事处又派人专程来温州市人事局和他所在单位，联系具体调动事宜。调函中规定，可以带全家调往南开大学，爱人的工作及子女的学习均可予以妥善安排。

按说该衣锦荣归了，可他却遇上了一个难题。这些年一

① 叶挺镐：学海明灯照我行。引自《杨石先纪念文集》，天津：南开大学出版社，2016 年。

全国科学大会上，杨石先（左三）与高振衡（左一）、王积涛（左二）、申泮文（右三）、陈茹玉（右二）、何炳林（右一）合影

心扑在茶叶研究上，爱人做出了巨大牺牲，身体十分虚弱，对北方的生活不适应，岳父母又年迈多病，坚持不愿北上。

然而师恩深厚，又不忍心峻拒。

为此，他三上天津，向杨老解释。甚至表示，他愿只身赴津，家属北上之事容后再办。杨老不同意，说你已经有了家庭，有了变化，不能过于勉强。在基层也可以做出成绩，只是条件有所限制。按你的基础和素质，做科研是最合适的，你留在原单位工作，我仍会支持你的。

叶挺镐果然是个搞科研的料子，不多几年，与四川一家

1970 年，杨石先（右一）在蓟县农田中

农药厂合作，研制开发出一种以双硫脲路线合成的水稻白叶枯病新药“叶青双”，该药属国内创制品种。1982 年，该药试验成功，由于该药有一定的内吸作用并能使水稻返青，很受农民欢迎，不久便迅速扩大至年产 1 000 吨成药规模，在水稻产区广泛使用，取代了“枯叶净”，很受农民欢迎。

对叶挺镐取得的成绩，获得的荣誉，杨石先甚为欣慰。

从这两人的调动程序上，可以看出，杨老为人才是费尽心思的。他知道，为加强南开大学化学系的科教力量，要从其他单位调人说服力不大，大多对方也在重用人才，一句话就可以“怼”回去：我们单位的科研教学就不重要吗？思之再三，也可说是万般无奈，杨石先只能利用自己的身份来办这件事。其子杨耆荀在《回忆父亲》文中说："他一方面给方毅同志写信，要求给他配备10名助手……这样解决了一部分调出骨干的回归问题。"

给杨石先调科研助手，怕谁也无话可说了。

真是这样吗？只能说不得已而为之。

他的办法是，先调回来再说，至于是不是适合在元素所工作，那是另一个问题。比如申泮文，是研究无机化学的，回到天津做什么，杨石先是尊重他本人意见的。

杨石先夫妇与儿子杨耆荀在南开大学校园

申泮文在元素所工作了一段时间，杨石先告诉他：

“把你找回来，绝不意味着要你照我的安排做工作。找你回来就是让你发挥作用，你认为到哪个部门工作能更好发挥作用都可以，无须以我的意见为转移。”

一年后，由于化学系的要求，申泮文回到化学系无机化学教研室工作，重操旧业，且取得不俗的成绩。

这三四年，为聚拢人才，杨石先没少操心。有的人才想调回却调不回，他还为之联系更合适的单位接收。陈庆华是杨老 1961 年招收的研究生，人好，学问也好。1978 年杨老

1961 年，杨石先在实验室指导研究生陈庆华

1961 年，杨石先（左）与助手李正名（中）、李玉桂（右）在实验室

去北京开人大会议，专门约他来宾馆谈话，希望他回南开工作，陈因家已安在北京，难以离开，而眼下工作又不顺心，杨便帮他多方联系，后来去了北京师范大学化学系教书。

有的人调动，就顺当得多。

范恩滂先生是中华人民共和国成立前入学的化学系学生，毕业后留校，1960 年之后的几年，在校长办公室工作，可说是杨石先的业务秘书，1971 年后离开南开大学，在北京某单位工作，并不顺遂。

1979 年，杨石先在北京开会，利用会议间隙，约范恩滂用饭，席间杨石先提出，要范回校帮他做元素所的管理工作。范听了真是思绪万千、心情复杂，恩师对他如此关心，如此信任，让他很激动，也很感动，想不到他在校外浪迹多年，又可以回去为母校也是为恩师效力了。

直到 1980 年 1 月，杨石先在《致邓小平、方毅、蒋南翔等领导同志的信》里，在陈述几项关于南开大学发展的举措，希望得到中央的支持后，仍不忘借此机会，为南开调进更多的优秀人才。

> 我校“文革”前几次支援几所高等学校，抽调了一批骨干教师和少数领导干部，现在被支援的单位或者已经羽毛丰满，或者计划已经改变。希望中央帮助我们将其中少数我校急需的名教师（名单附后，此略）调回我校。①

也就是说，直到 1980 年，为聚拢优秀人才，他还向中央呈递了一份调入人员的名单。

这一年，杨石先该是 84 岁的老人了。

推想他此时的心态该是，吾已老迈，要拼尽自身仍有的力气，托起南开大学往后的辉煌。

① 杨石先：致邓小平、方毅、蒋南翔等领导同志的信。引自《杨石先文选》，天津：南开大学出版社，2017 年。

在人才举荐上，最令人称道的一件事是，1980 年，粉碎“四人帮”后的首届中国科学院评选学部委员（院士），南开大学化学系竟有五人当选，以年龄大致排列，为高振衡（1911）、申泮文（1916）、何炳林（1918）、陈荣悌（1919）、陈茹玉（1919）。以学位而论，高振衡是美国哈佛大学的博士，陈荣悌和何炳林、陈茹玉夫妇均为美国印第安纳大学的博士。只有申泮文为西南联大化学系本科毕业。不必说是杨石先的举荐之力，申泮文的科研成绩完全达到了中科院院士的水平，可你敢说如果他一直待在山西大学化学系，能有这个可能吗？

杨石先指导学生

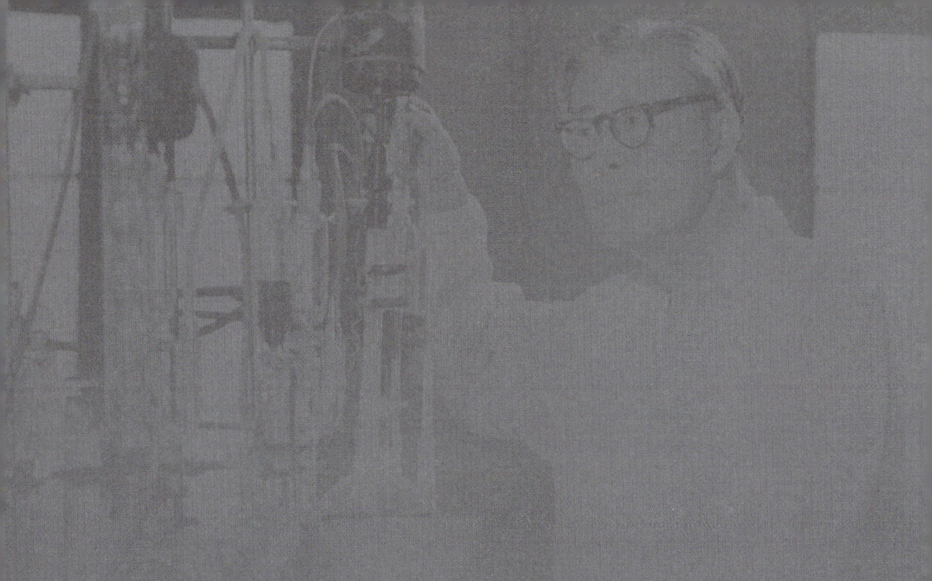

10 法相庄严

这一章不好写，题目先就怪怪的。

1923 年，杨石先任南开大学化学系教授

中国写科学家和工程技术专家的书，少说也有几百本，怕没有一本专辟一章，写传主的相貌的。几百本这个推断，是因为我知道，前些年中科院和中国工程院都组织过人写他们的老院士的传记，一人一本，也都出版了。我的朋友有参与其事的，我

曾收到过几本写好了的传记。我写过多部传记，光四十万字以上的就有四本。一本《李健吾传》，一本《张颔传》，两本徐志摩的传记，一本叫《徐志摩传》，一本叫《非才子的徐志摩》，也没有专辟一章写传主相貌的。哦，不对，是没有一章，但有过一节，《非才子的徐志摩》里就有一节。第一章的第一节，名为《他的相貌》，等于一下笔先把传主长什么样儿交代清楚。

写杨石先的传记，有这个必要吗？

思来想去，反复掂量，觉得还是有这个必要。这是因为，在我接手这个活儿，从拿到最初到手的《杨石先纪念文集》（前面有近二十幅照片），还有随后到手的《杨石先图传》，不时翻阅，时间久了，竟发现此公一生的经历，包括喜庆和磨难，学历和修养，性情与癖好，在他的脸上都有清晰的反映与折射，最终形成了他独有的、令人钦仰的法相。

法相这个词语，我也查了，是佛家用语，指诸法之相状，包括体相（体质）和义相（意义）。我的借用没有用错，我就是要写我的传主的体相与折射出的义相，实际的样子和蕴含的意义。

好了，进入正题吧。

好些怀念文章里都写到了杨石先的相貌，多是与性情糅和在一起写的，全是随笔带出，并没有我此刻的专属的意向。从科学实验上说，这就有了双盲的意味，也就增加了取材的

1966 年，杨石先夫妇与何炳林、陈茹玉夫妇

可信度。

不避烦冗，且举几则，均选自《杨石先纪念文集》。

王文俊《杨石先光辉的一生》文中说：

杨石先性格内向，含蓄、蕴藉。他平时言语不多，才情不外露，喜怒也不常常溢于言表。他总是尽力使自己的心弦静止下来，以至不发出一点儿声响。

钱华年《追忆杨石先先生》文中说：

这样时常在教室外、办公室外见到杨先生，才感到他虽然不苟言笑，然而在他那严肃外表的后面，正有一颗仁慈善良长者的心，凡是受他谆谆善诱的学子们都会明白的。

何炳林、陈茹玉《对先师杨石先的怀念》文中说：

老师性格内向，仪表端肃，抗日时期，祖国半壁山河沦陷，他忧心忡忡；教育工作艰难，使他极为苦闷，因此平日极少欢笑，态度总是那么严峻。同学们敬畏他，不敢为学业以外的事情轻易地去找他。

申泮文《缅怀恩师，自强不息》文中说：

石先师平时表情严肃，不苟言笑，所以学生在尊敬之余，都有些心怀畏惧，不敢轻易接近他。

王积涛《纪念杨石先老师百岁诞辰》文中说：

杨石先老师在南开师生的心目中，是一位庄重严肃的校领导、教育家和科学家。是的，他毕生从事高等教育事业，为南开的教育科研呕心沥血，使南开成为国内知名的高等学府。在我的心目中，他是一位慈爱可亲的长者，是永远值得我敬仰的师长。

王玉哲在《我所敬仰的一代宗师杨石先先生》文中说：

杨先生平时为人态度严肃，令人不敢轻易接近，可是一旦接触之后，才发现他是一位平易近人、和蔼可亲的长者。

吴大观在《装着三根火柴的火柴盒》文中说：

“装着三根火柴”，我听着这熟悉的词句，使我回忆起1938年在西南联大学习的一件事，瞬时充满我的头脑。那清晰的杨石先教授的庄严形象，也出现在我的眼前。

范恩滂在《一代宗师》文中说：

我不禁想起批判会上的杨老，闭口无言，昂然而立，但眼光凝重。我不知他在一片狂噪的喧闹声中想什么，是对邪恶势力的鄙视，是对缺乏人生阅历、被愚弄的青年的怜悯，还是对历经劫难的南开校园历史沧桑的感慨？

王端菁在《镌刻在心，音容永存》文中说：

杨老作风严肃，不苟言笑，但我从未见到他疾言厉色地批评人。我想那紧皱的眉头，算是最严厉的批

1979 年，杨石先与在校任教的学生交谈

评吧。

梁吉生在《绍曾先生百龄追思》文中说：

第一次见到他，是在开学典礼大会上。他作为校长坐在主席台中央，方阔的脸型，戴一副眼镜，穿一件灰色的中山装。先生独特的气质一下子吸引了我。这气质绝非靠华贵的服饰或显赫的地位便可以做出，那是一位学者丰饶内心的外在体现。先生当时的讲话内容已经淡忘，但那略带杭浙口音的普通话，从容明快，舒缓得宜，使我强烈地感受到他那恬淡豁达的胸怀里跳动着一颗多么炽烈的心。

滕天奎在《杨老在我的心中》文中说：

杨老参加了我们组的讨论，开始大家因为老校长坐在身边，心里有些胆怯，过了不久见老校长是那样慈祥温和、平易近人，会议气氛慢慢活跃起来。当我发言时，我看到老校长竟像一个学生似的，端端正正地坐着，用本子记录着。

其女杨耆荪《追忆父亲》文中说：

父亲晚年，不似当年严肃，而是和蔼近人。如遇知音旧友，就非常健谈，情绪也很激动。

总括以上诸条，可知杨石先是个相貌端庄，不苟言笑，让人有几分敬畏的学者。同时又是一个热心的人，对同事、对学生都有爱心。

文字的记述，因了敬爱，也因了各自的身份，不便做细腻的描摹，要看此公如何的法相庄严，最好的办法还是看照片。一张不行，得多看几张。我已打定主意，此书出版时，定要告知责任编辑，在这一章的这个位置，放上四张照片。

我已选好了，全在《杨石先图传》上。

第一张是1918年夏，杨石先赴美留学，进入康奈尔大学农科学习。

第二张是1938年12月，杨石先参加西南联大筹建，在昆明。

第三张是1945年至1947年，杨石先在美国印第安纳大学做访问教授和研究员。

第四张是1981年，杨石先在元素所做实验。

中间的两张，都在最好的时期，青壮年时期照得眉清目秀，五官端正，没说的。可说的是第一张和第四张。

第一张是刚到美国初入康奈尔大学照的，也就是说还带着清华时期的模样。初入清华，他的身体可不怎么样。晚年他曾对来访者说：

“啊，我小时候可不行，那时候因为身体不太好，还出过笑话哩……（在清华）我的行李搬进宿舍没有多久，同学就告到学校办公室去了，说，那位姓杨的同学很瘦，整天在屋里看书，又经常感冒咳嗽，是不是有结核病？请学校给他检查一下。”查的结果是无任何病症，只是身体虚弱，后来

1918 年夏，杨石先赴美留学，
进入康奈尔大学农科学习

1938 年 12 月，杨石先在昆明

1945—1947 年，杨石先在美国印
第安纳大学做访问教授和研究员

1981 年，杨石先在元素所做实验

加强锻炼，才慢慢好起来。①

1916 年，杨石先于清华学校

这张照片若摄于初入校时，当是 22 岁。两颊紧绷，双唇紧抿，厚厚的嘴唇，稍稍朝前突出，英俊是有了，却不能说多么的端庄。待到青壮年时期，脸颊丰满，端庄之相才显示出来。

第四张在图传中，下面并未标示年限。我是依据前面一页上，在实验室的照片下面标明是 1981 年，衣着一样，年纪相仿，推测这张也是 1981 年拍的。这一时期，多人有文字记载，说老校长消瘦了。他早年的学生，后来成了元素所管理者的范恩滂先生，离开南开多年，1979 年再见到杨老师时，是这样的感受：

我和恩师没有见面已八个寒暑。面前的恩师仍思

① 多见觉非：苍松赞。引自《杨石先纪念文集》，天津：南开大学出版社，2016 年。

想敏捷，谈锋仍健，但经过“文化大革命”的磨难，已不复当年的神采奕奕，而是满头灰白，面容消瘦，显出老态。[①]

图传中，晚年的照片有好多张，之所以选这张，是因为这张照片的视角是侧面的，可以显示出杨石先脸颊的状态来。应该说，是消瘦了些，但皮肤并未松弛到耷拉下来的程度，也还滋润，保持着青壮年时期的轮廓。

这样的相貌，这样的状态，说是法相庄严，一点儿也不为过。

这就要说到我在这个话题上的一贯看法了。这种看法早就有了，断不是写这本传记，看了杨石先的容颜照片才临时生发的。

我没有学过面相学，假如世上有这么一门学问的话，我所有的一点儿

---

① 范恩滂：一代宗师。引自《杨石先纪念文集》，天津：南开大学出版社，2016 年。

关于面相的观念，全是依据常识、俗谚，加上自己的经历做的一些判断。

我认为一个人的面相，是由两条直线接续而完成的。

第一条是身世，也可说是遗传。古语云：百年树人。百年大体可视为三代（30 年为一代），也可视为四代（25 年为一代），也就是说需要经过三代或四代的努力。这努力包括环境的改观，文化的提高，最最重要的是通过婚姻的选择达到基因的组合，才有可能在第三代或第四代出现一个智商又高、相貌又好的后代。

第二条线，是个人的努力。光生下来的优秀还不行，还得接续上个人的努力才行。好的遗传只能说是骨骼好、皮肤好、五官搭配好，并不能保证往后不发生变异。比如有的人生下来浓眉大眼，但不学无术，也会两眼无光，显出痴呆相。或是常怀叵测之心，成了孟子说的，“胸中不正，则眸子眊焉”，这是说向坏的方向发展。好的呢，说辞就多了，最常听闻的该是，“腹有诗书气自华”。于此可知，内里的充盈，可辉映为外在的气韵。西方人说：一个人 40 岁以后要对自己的相貌负责，想来也是这个意思。

什么叫好的相貌呢？民间，包括旧小说上，通常的说法是：天庭饱满，地阁方圆。中国人自古认为獐头鼠目、两颊塌陷是奸邪之相。更有一说：望之不似人君。可见民众对居高位者的相貌心里是有数的。

如此一来，一个人相貌的端庄与庸劣，也就有了历史文化的蕴涵，同时也就有了道德修养的体现。

说到这儿，还得补上一句，中国古语说的，积德行善，遗泽后世，在人类进化上，可视为万古不易的法则。

有了这样的考量，我才敢立这么一章，也才敢说杨石先当得起“法相庄严”这四个字。

11

门前的花园

说了相貌，该说品德了。

这是本书的最后一章，我想将它落在实处，落在一个美丽的地方。

我选择了门前的花园，说全了该是南开大学东村 43 号

杨石先旧居——南开大学东村 43 号

杨宅门前的花园。

南开大学中文系主任邢公畹先生一次路过这儿，杨石先正提了水壶浇花，他看见一种植物，枝条长长的开满黄色的花，与同行者进去问了杨校长，这种植物叫什么名字，杨告诉他俩这叫荼蘼花，且吟了一句诗："开到荼蘼花事了。"

这个花园很小，长长的一条紧贴在住宅的南墙根，外面是一道半人高的围墙，对着宅门，是一个豁口。围墙外是一条甬道，人来人往都会从这经过。邢公畹与同伴，是从中文系开会回家路过这里的，既是住宅区的甬道，别人也会走过。

王玉哲先生就有过路经杨宅门前花园，受杨校长掘花相赠的待遇。

我和杨先生过去都住东村，并且又是前后院的近邻。有一次在他门前相遇，我对他门前所种的花卉极为称赞，尤其欣赏在他房间墙壁上一种形似爬山虎、花为深红色的喇叭花，茎上有卷须，能附着在墙上，红红绿绿非常美观。他见我喜欢，便说"我挖一棵送你"，一面说着，一面很快地回家中，取出铁铲，亲自在地上精心地为我掘出一分棵，并告诉我说这种花很好栽培，不需要什么技术。我道了声谢，即捧回家，栽在我的门前，遗憾的是，也许由于我管理不善，这株花仅仅

杨石先在家中侍弄水仙花

存活了一个月便枯黄死去，我心中一直感到内疚。[1]

也有人借了门前的花事，给杨老送了花来。

滕天奎是南开大学化学系的一位女教师，很敬重杨校长。在怀念文章里，她说杨老爱花，也会种花。杨宅离职工食堂不远，每当她去食堂吃饭，总喜欢在杨家小院停留，看着美丽的花朵，看他老人家忙碌的身影，那些美丽的花朵像它们的主人一样文静地开放着，吐着清香。

① 王玉哲：我所敬仰的一代宗师杨石先先生。引自《杨石先纪念文集》，天津：南开大学出版社，2016 年。

杨石先（前排右二）在东村家门口与申泮文（前排左一）、何炳林（前排右一）、陈茹玉（前排左二）等合影

1974 年，杨石先夫妇与孙辈在家门前留影

然而，令滕女士心疼的是，在“文化大革命”期间，花也像其他美好事物一样被“革”掉了。每当看到杨老师门前那几棵干瘪的草木在西风中抖瑟，她心里就有一种说不出来的难过。

> 一次我发现，原天津市委书记谷云亭叔叔家里有一盆很好看的植物，那是一位同志从国外带回来送他的。它的花并不好看，但叶子在阳光下显得非常动人，绿色、黄色、红色，一层层、一圈圈很是鲜艳，而且它非常易栽，生命力强。大家记不住它的外国名字，叫它“死不了”。我向谷叔叔讲了杨老已失去心爱的花。谷叔叔为杨老培植了一盆“死不了”。当我把这盆花转送给杨老时，杨老高兴地接了过去，小心地放在窗台上，亲切地对着这盆小花望了许久，像注视着一个多日不见的好朋友。①

前面说了，小花园与甬道之间，是半人高的矮墙。近看，是砖砌的。矮墙的东头，拐过来，将花园围起，与邻居隔开。矮墙的这头，有宽些的豁口，连着进宅子之前短短的通道。前走几步上了三四个阶级的台阶，便是杨家的宅门。右边砖

① 滕天奎：杨老在我的心中。引自《杨石先纪念文集》，天津：南开大学出版社，2016 年。

墙，黄褐色，一人高处钉着一个显眼的门牌，蓝底白字："43。"

如果花园算庭的话，推门进去就可说登堂入室了。

这里得赶紧找补一句，要不读者会产生错觉，堂堂南开大学校长的住宅，如此小门小户，像是三家村人家。其实非也。这个门对整栋住宅来说，只能叫后门。因了朝南，进出方便，也就成了非正式的正门。这话别扭，但是实情。且看当过他业务秘书的魏宏运先生是怎么说的：

> 杨老的住宅是东村43号平房。这样的平房东村有三排，是1930年建造的，建筑优雅别致，门前有花坛，房后有庭院。[①]

这样说，是将钉了门牌的这个不大的门，当成了正门。而北方庭院的摆布，有大门，大门进来是院子，然后才是住人的房舍。像杨老这样的院子，只可说是倒扎院子。一般来说，在村子里，村巷南边的院子才会是这样的格局。

此事不必细究，说清就行了。既然人来人往，出出进进，都走这个门，门牌又钉在这里，我们就说它是前门吧。

好了，推门进来吧。

---

① 魏宏运：风范永存。引自《杨石先纪念文集》，天津：南开大学出版社，2016年。

杨石先与长子杨耆荀（左一）、次子杨耆董（右一）

下面这张住宅的平面图是我依据几篇怀念文章中的记述，想象绘制的。

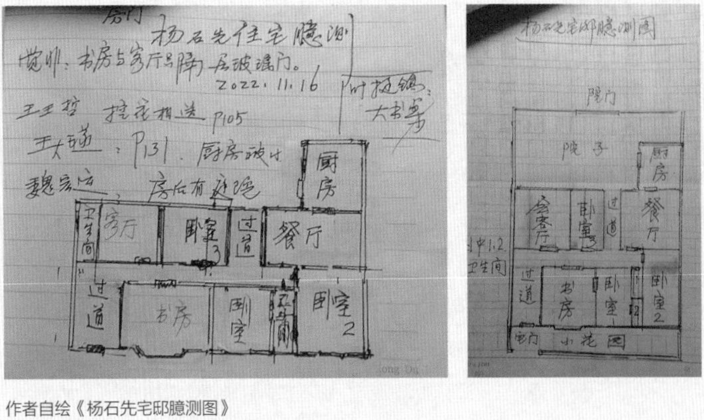

作者自绘《杨石先宅邸臆测图》

名为《杨石先宅邸臆测图》，实则都有可靠的依据。

下面一项一项分开来说。

间数 何廉在他的回忆录中说，他1926年应聘来南开，住教授公寓就是平房四间，这是一种简略的说法，实则可说是四开间，内部自然另有布局。魏宏运先生说，南开的东村宿舍是1930年建造的，“建筑优雅别致”，当指内部的格局。这四开间，指的是门面，绝非说内部就四个房间。从房舍建筑上说，就是整栋房子有四根横梁，至于下面如何划分，是砌墙的事。可说是除了围墙不能动，里面的墙砌成什么样子，内部就是什么格局。

房间分布 看我画的图，可以看出，一进43号的宅门，是个短短的过道，俗话叫门洞或玄关吧。再往前走，立定转90°角，才是真正的过道。东西向，两旁是不同大小、不同用项的房间。约略说来，有会客室一间、书房一间、卧室三间、餐厅一间、卫生间两处。

现在我们来看这些房间的具体位置，有的还要说到这格局是怎么“测定”的。

会客室 蔡一江《学者楷模》文中言：

> 我如约前往，他开门接。进门后进入过道左侧的第一个房间，这是他的会客室，通常我们坐在进门左

手靠墙摆放的长条沙发上进行交谈。[1]

杨宅属“倒座”，这个房间在过道之北，房间的窗户只会开在北墙上，这样只有南墙是光光的实墙，沙发茶几只会摆在这面墙前。《杨石先图传》上有几处主人会客的照片，从照片上看，沙发后面还有书柜，不高，上面立着一个“百年树人”的镜框。

书房 会客室的对面（南），隔着过道是书房。书房何以在这个地方？觉非《苍松赞》文中言：

当我在化学系负责人、杨老的学生戴树桂教授的引导下，来到杨老的书房时，他正在会客室里接待一位外校的领导。由于只隔着一层玻璃门，那边的谈话听得清清楚楚。[2]

这只是确定了方位，由这个“只隔着一层玻璃门”推断，这个玻璃门只会是会客室的门，而不会是书房的。那么，书房的门是什么样子呢？我以为书房门是个“敞门”，即没有

① 蔡一江：学者楷模。引自《杨石先纪念文集》，天津：南开大学出版社，2016 年。

② 觉非：苍松赞。引自《杨石先纪念文集》，天津：南开大学出版社，2016 年。

杨石先在家中书房

门，两端墙头稍往回拐一下，有个门框的意思。这样的格局非是我想象，我是见过实物的。北京东单东罗圈胡同 11 号是中国社科院高级知识分子的宿舍楼，李健吾住在这里，钱锺书早先也住在这里，我去过李家，见过李健吾的书房，就是这样的“敞门”。

这个书房，相当宽敞。以开间说，与进门的过道（门洞）连在一起，占去两个开间。而门洞顶多只会占半个开间，则书房所占，当在一个半开间。书房之大，从外墙上也能看得出来。图传第 152 页下侧有 43 号住宅的外观照片。右边是另一家，左边是杨家。前面是小花园，里面是住宅的外墙。

右侧（东）两个窗户，每个窗户除了上部的横扇，都是两个窗扇，表示里面各有一个房间。左侧（西）靠门这边，是一个大窗户，立面不是平的，中间突出，有三扇固定的窗扇，两侧各有一个呈斜面的窗扇，可推开，整个扇户呈“_/”形（两边的短竖，朝外撇开）。

这形状，从里面看更加明显。本书第 177 页有张图片，说明文字是：“1979 年，杨石先与在校任教的学生交谈。”这幅图在《杨石先纪念文集》前面的插页图中也有，说明文字是：“1979 年杨石先在寓所与元素有机化学研究所科研人员讨论科研工作。”于此可知，这张照片是在书房拍的。这就好说了。照片上，杨老坐在书桌后，围着他和书桌，一边四人共是八位。下侧能看到圆桌的一个弧，桌上摆着一盆正开着的花。上侧便是那个“_/”形的窗户了。只是从里面看去，那个“_/”形的窗户是往外突出的。中间三扇，以及两边斜立的都是可推开的窗扇。魏宏运说的“建筑优雅别致”，这该是一例吧。

这个书房，东墙靠北，该有一个门，通杨石先夫妇的卧室。其子杨耆荀《回忆父亲》的文中言：

> 我母亲身体不好，常年卧病在床。有几位邻居怕她一个人太寂寞，就经常来和她聊天，有时一坐就是两三

个小时。父亲的书房就在旁边，他照样做自己的工作。[①]

书房是敞门，进卧室很方便。只有这样的格局，才会说“书房就在旁边”，若卧室门开在过道上，邻居和他母亲再怎么聊天，也不干他父亲的事。

卧室 连着书房的算一个。往东还会有一个，会客室的东侧也会有一个。这样整个住宅里就有三个卧室了。这样的设置才会在郑天挺单身一人到南开教书时，让他住在家里一住就是好几年。

过道 若一进宅门，那个小过道，也算一个过道的话，这个过道就是第三个过道了。因为东西贯通家里的那

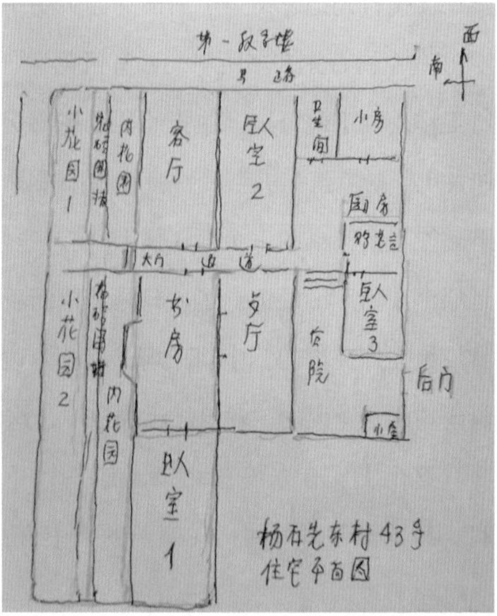

杨耆荀绘住宅平面图

① 杨耆荀：回忆父亲。《杨石先纪念文集》，天津：南开大学出版社，2016 年。

1981 年 3 月，南开大学与美国坦普尔大学签订合作交流计划，杨石先在家中会见代表团成员、美籍生物学家牛满江教授

个过道，应是第二个过道。这个过道，是必须有的，而且只会在房子的北侧。不长，南北走向，一端连着家里东西那条过道，一端有门通向北边的院子。

餐厅和厨房　南北过道的东侧，该是餐厅，餐厅该有两个门，南边的门连着通道，或许也是个敞门。北边的门连着厨房，厨房做好了饭菜，通过这个门端进来，搁在餐桌上。厨房跟餐厅相连，但不属四开间，这个大房舍，应当是院子里的一个附属建筑，有门通向院子。王大璲文中有“厨房被水淹了”之语，厨房被水淹而住处未淹，可知厨房与住处是隔开的。那个时代做饭还没有煤气，要用煤炭，烧火取煤，有门相通才方便干净。陈珍、邢公畹有文，收在《黄钰生纪念文集》，文中有言：

> 那时学校没有总务长，黄秘书长总管行政、事务，他为我们周详地安排了生活。我们住进了东柏树村33号，房舍之宽敞，出乎我们意料。室内有单人床、双人床、写字台、大方桌、椅子、凳子、书架，都算是学校借予的，北房还装上了火炉，后院堆着两堆煤。①

这是1946年的事。这里说的东柏树村，即后来说的东村。邢公畹另有文说，他家和杨石先家，都住在学校的东村，某次，他与一个同事从系里开完会回家，路过杨石先家门前的花园，曾进去向杨询问花事。可知他这个33号在杨家后面的一条甬道上，格局跟杨家一样。

前面引魏宏运文，说“这样的平房东村有三排，是1930年建造的”，何以后面的邢家是33号，前面的杨家就成了43号，这不是说明有四排吗？

---

① 陈珍，邢公畹：忆黄子坚先生。引自《黄钰生同志纪念集》，天津：南开大学出版社，1991年。

这个疑问，最好理解。前引滕天奎文，说她去学校食堂吃饭要路过杨校长门前。邢公畹文也说，他与同事，从系办公室开会回家，路过杨宅。于是可知，杨家这一排，离学校教学区最近。也就是说，当初的一、二、三排，是从北到南排列的。而学校的发展，只会像摊大饼一样，由里往外摊，这样再建上一排，只会在原先的第一排之外。要重排序列，总不能一、一、二、三，也不能四、一、二、三，只会是新

1984 年 5 月，杨石先在家中与华南农业大学赵善欢教授交谈

建的成了第一排，下面的依次加一，成了二、三、四排。

说完住宅的格局，就好说我们的传主在这里的所作所为了。

晚年，尤其是1980年底辞去校长之职后，杨石先的主要活动都是在家里进行的。此时的杨石先年事已高，名声太大，登门拜访的人甚多，仅图传中留下影像的中外学者就有美籍生物学家牛满江教授、著名化学家唐敖庆教授、著名昆虫学家赵善欢教授。连中央政治局委员胡乔木来南开大学视察，要见见杨石先也是登门拜访。

更多的时候，他还是在书房里学习工作。

说到书房，不妨荡开一笔，说说杨石先平生的一大爱好，就是喜欢读中国的古典诗词。

当过南开大学副校长的吴大任在怀念文章里说，杨石先“喜爱文学艺术”，若有具体指向的话，就是喜爱中国的旧诗词。邢公畹文章里说到杨石先谈起院里的荼蘼花，能顺嘴吟出“开到荼蘼花事了”的句子，可见对旧诗词的熟悉。在西南联大时，法学院的学生要毕业了，请他题词，他写的是陶渊明的诗句：“青松在东园，众草没其姿。凝霜殄异类，卓然见高枝。”实在说，在陶诗中，这样的名句，也可说是僻句，不是熟读陶诗的人，是不会记得的。

他的老秘书魏宏运在怀念文章里说得就更具体了：“杨

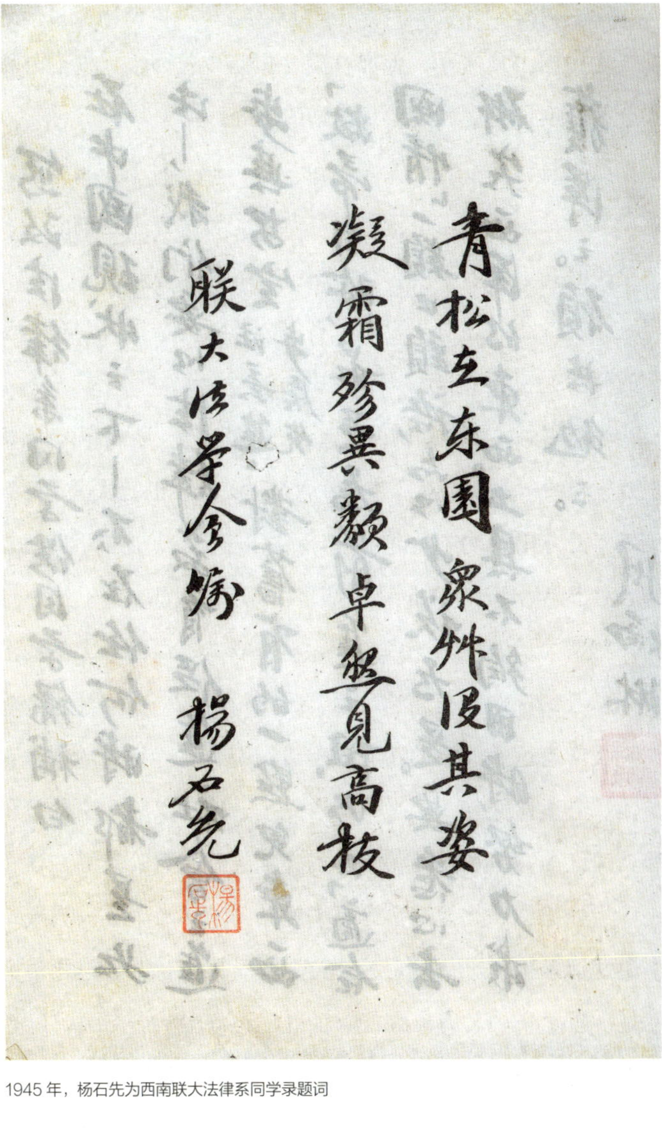

1945 年，杨石先为西南联大法律系同学录题词

老一生可贵之处是不断补充丰富自己的知识，不仅对自然科学，对中国古典文学，他亦喜爱。据滕校长回忆，他们外出开会，晚上休息时，杨老常读李清照的诗词。”

其子杨耆荀在怀念文章中也说：“他平时工作很紧张，累了就背诵一些唐诗或宋词。”其女杨耆荪也说她的父亲：“年轻时几乎无书不读，对中国古典诗词有偏爱。”

不独此也，还有人发现，杨石先英语的造诣，与英美文学的修养也很了不起。

著名书画家姜丁铭调回天津后，未入南开，后来由老同学李万华介绍，一度来南开兼课，教托福英语，也就认识了外教鲍凯。姜讲托福课时，常与鲍凯探讨语言问题，他告诉鲍凯，杨老对于英语用法上的问题，都回答得斩钉截铁，绝不含糊。

鲍凯表示，他不感到意外，他从杨老赠给南开大学的图书中，看到许多英美文学名著，鲍凯很惊异一位化学家竟对英美文学有这么深厚的功底。鲍凯到南开后，说有两位学者令他从心里钦佩，一位是冯文潜先生，他从以前在南开教学的英国人斯宾凯教授处得知，冯先生的外文修养极高，斯宾凯认为如德文和其他文字等冯堪为其师，从一个英国教授口中说这话是极为难得的。另一位是杨石先校长，一位化学家又是一校之长的教育家，能够如此广泛涉猎英美名著，这也是他道德学问一身正气的背景之一了。

喜爱英美文学且收存许多英美文学名著，该是杨石先年轻时的事，总括起来看，杨石先还是在中国古典文学，尤其是古典诗词上的修养更深些，直到晚年，仍不时吟诵，乐在其中。

作为一位老知识分子，最为年轻人称道的是自律、整洁、守时。这些优点，在怀念文章里都有述及，在此就不一一列举了。

腾出笔墨，该说一说，杨石先在化学研究视野上的贡献。这是一本杨石先传记不可回避的话题。

在这上头，该听专家的。

王积涛是美国印第安纳大学化学博士，也是杨石先在西

1962 年，杨石先与陈天池在南开大学元素所工作

南联大教过的学生，毕业后留校任助教，可说一生追随杨石先这位师长。在怀念文章里，他未谈杨石先在1945—1947年在印第安纳大学做的研究及撰写的论文，杨耆荀的文章里谈到了，其时杨石先所撰论文名是《中国抗疟植物鉴定——常山的化学性能的研究》。这项研究，和几十年后中国女科学家屠呦呦的获奖研究很接近，可见，杨曾涉及这一领域，虽未探骊得珠，但也可说是这一领域的先驱。

王积涛文中着重说的是恩师对新中国化学研究事业的贡献：

> 他在三十余年前创建了全国第一个大学研究所，他亲切地会见高振衡、陈天池、何炳林、陈茹玉和我，共同商讨成立元素有机化学研究所，他在这以前已经开展了农药的研究，像当年他致力于药物化学研究一样的热情。他说当前农业的生产是国家的重点，如何推动农业向高产方向前进，农药是很关键的，不成立专门的研究所，师生的研究力量不能集中。[①]

也就是说，中华人民共和国成立后，为了国家的经济建

① 王积涛：纪念杨石先老师百岁诞辰。引自《杨石先纪念文集》，天津：南开大学出版社，2016年。

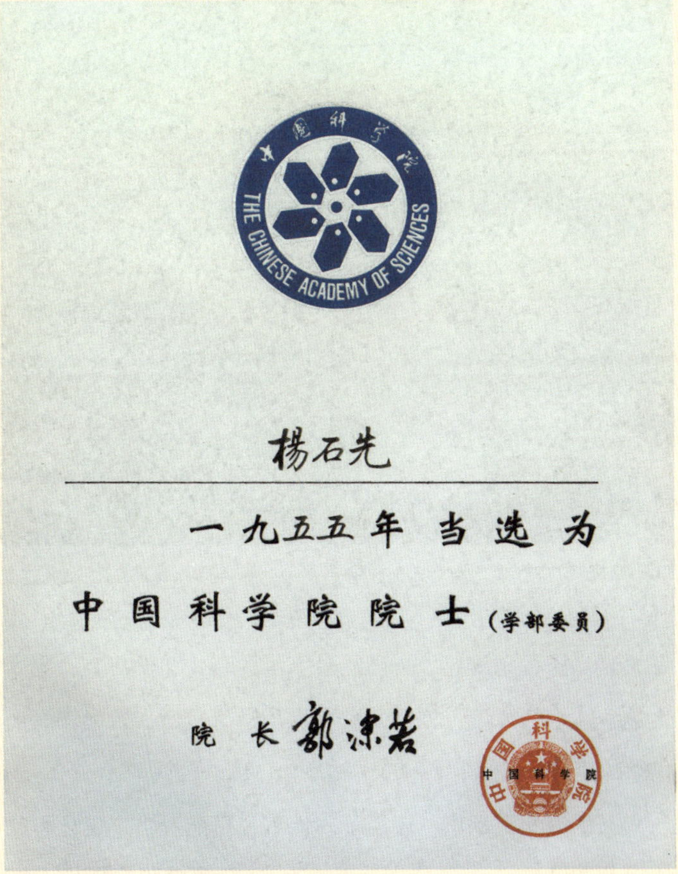

1955 年，杨石先当选为中国科学院院士（学部委员）

1974 年，杨石先全家合影

设大业，杨石先放弃了自己从事多年的药物化学研究，集中化学系师生的力量，创办元素有机化学研究所，致力于农药化学的研究，且获得一个又一个的成果。

王积涛的文章里，还说了一件事，更能看出这位化学家的远见卓识。

王积涛曾担任天津药物研究所的顾问，到 1959 年，南开大学化学研究的重点，转移到元素有机化学方向，杨石先征求王积涛的意见，元素有机化学的药物研究可拓展的前景不大，问他能否从事更基础的金属有机化学。他当然知道，这是杨老师为他指出的一条更有作为的研究方向，于是他把自己的专业研究做了调整，把金属有机纳入元素有机化学范围内。从此南开大学的金属有机化学成为全国金属有机化学的创始校之一，他自己也成为这方面成就卓著的专家，并取得院士的光荣称号。

由自己的药物化学研究，转向建立元素所开展农药化学研究，再到指导学生转向更有前景的金属有机化学研究。这是一位化学家的光辉里程，也是一位化学家高尚品质的体现。

现在，对杨石先一生的人品业绩可说几句概括的话了。

他是一位中西文化培育成的杰出人才。既有西方文化的严谨精神，也有东方文化的散淡情怀。

他是新中国化学研究事业的开拓者与引路人。既培育了许多优秀化学人才，也指导了化学研究的前沿布局。

他是现当代中国大学教育的一个奇才，也可说是一个伟人。在他当校长的三十年间，让南开飞速发展，真正成为一所享誉中外的著名大学。

他的业绩固然不朽，真正垂范后世的，该是他高尚的人格与修养。

阅读天津 · 群星

HOW TO READ TIANJIN
GREAT STARS

后记

一座城市的文化名人、历史遗迹、自然风物，是城市生命的一部分。

天津拥有600多年的建城史，既有辉煌的历史，又有广阔的发展前景，是一座古老又年轻的城市。百年中国看天津，近代天津人才辈出、群星璀璨，对天津乃至中国影响深远。

“阅读天津·群星”汇集了十册天津历史上的前辈大师的传记——严复、梁启超、张伯苓、李叔同、周叔弢、杨石先、曹禺、陈省身、孙犁、马三立，他们在思想、教育、艺术、实业、科技、文学等不同领域，反映了天津城市精神的高度和深度。

当梁启超在饮冰室伏案疾书，笔毫轻柔，却策动轰轰烈烈的护国运动；当张伯苓在南开大学始业式上提出“爱国三问”，话语平实，却激荡全国学子自强图存的爱国情怀；当陈省身坐在轮椅上为本科生讲授微积分，满头银发，却思维敏锐地点拨着中国数学的未来人才；当马三立上台三两句话就引得众人捧腹大笑，轻声细语，却道出老百姓的喜怒哀乐和生活精髓……

“阅读天津”系列丛书的策划、创作、出版过程，凝结着众多关心热爱天津这座城市的人的心血。此前发布的“津渡”一辑以海河为切入点，让读者犹如乘舟顺水而下，遍览一部流动的城市史诗。“群星”一辑则是为十位大先生立传，也是为这座城市立传。他们在各自领域成就斐然，是天津精神的集中体现。讲述大先生的生活经历和思想轨迹，也是在讲述大先生之于当代人的意义——高山仰止，景行行止！

编辑出版“群星”的过程是我们对中华优秀传统文化进行通俗化阐释的一次尝试，旨在进一步突出天津这座城市鲜明独特的文化内涵，让更多的朋友再次发现天津的城市魅力，通过阅读天津，进一步认识天津、热爱天津。为了延续“津渡”一辑的热度，高质量出版“群星”小辑，我们约请了多位颇具创作实力的撰写者参与创作：赵白生、徐凤文、岳南、康蚂、于霁丹、韩石山、杨一丹、李扬、张国、张莉、马六甲。这些创作者中既有长期从事相关研究的学者，也有文采卓然的专业作家，还有传主的家属。各位作者从不同角度对十位大先生的人生经历进行了深入浅出的解读，通过对人物的挖掘，彰显了近现代天津独具风韵的人文精神。

最后，感谢中共天津市委宣传部为本书出版进行的谋划指导，帮助鼓励我们打造文化品牌，出版津版好书；感谢罗澍伟、谭汝为等专家学者为我们提供学术支持，修正内容细节；感谢“群星”的作者、设计师、摄影师以及每一位为本书出版付出努力的人。当然，最应该感谢的是我们的读者，正因有这些天津故事的阅读者、传播者，才有了天津文化的不竭源流。期待能够以书籍为桥梁，与广大读者一起领略“群星”闪耀的天津风采，共同见证这座古老而又年轻的城市在新的历史坐标上绽放光华。

“阅读天津”系列口袋书出版项目组

2023年11月